GABRIEL GARCÍA MÁRQUEZ

Yo no vengo a decir un discurso

Gabriel García Márquez, nacido en Colombia, es una de las figuras más importantes e influyentes de la literatura universal. Ganador del Premio Nobel de Literatura, es además cuentista, ensayista, crítico cinematográfico, autor de guiones y, sobre todo, intelectual comprometido con los grandes problemas de nuestro tiempo, en primer término con los que afectan a su amada Colombia y a Hispanoamérica en general. Máxima figura del realismo mágico, es en definitiva el hacedor de uno de los mundos narrativos más densos de significados que ha dado la lengua española en el siglo xx. Entre sus obras más importantes se encuentran las novelas *Cien años de soledad*, *El coronel no tiene quien le escriba*, *Crónica de una muerte anunciada*, *La mala hora*, *El general en su laberinto*, *El amor en los tiempos del cólera*, *Memoria de mis putas tristes*, el libro de relatos *Doce cuentos peregrinos* y la primera parte de su autobiografía, *Vivir para contarla*.

TAMBIÉN DE GABRIEL GARCÍA MÁRQUEZ

La hojarasca (1955)

El coronel no tiene quien le escriba (1961)

La mala hora (1962)

Los funerales de la Mamá Grande (1962)

Cien años de soledad (1967)

Relato de un náufrago (1970)

La increíble y triste historia de la cándida Eréndira y de su abuela desalmada (1972)

Chile, el golpe y los gringos (1974)

Ojos de perro azul (1974)

Cuando era feliz e indocumentado (1975)

El otoño del patriarca (1975)

Todos los cuentos (1975)

Crónica de una muerte anunciada (1981)

Viva Sandino (1982)

El secuestro (guión) (1982)

El asalto: el operativo con que el FSLN se lanzó al mundo (1983)

Eréndira (guión) (1983)

El amor en los tiempos del cólera (1985)

La aventura de Miguel Littín clandestino en Chile (1986)

El general en su laberinto (1989)

Doce cuentos peregrinos (1992)

Del amor y otros demonios (1994)

Noticia de un secuestro (1997)

Vivir para contarla (2002)

Memoria de mis putas tristes (2004)

Yo no vengo a decir un discurso

GABRIEL GARCÍA MÁRQUEZ

Yo no vengo a decir un discurso

VINTAGE ESPAÑOL
Una división de Random House, Inc.
Nueva York

PRIMERA EDICIÓN VINTAGE ESPAÑOL, NOVIEMBRE 2010

Información de catalogación de publicaciones disponible en la Biblioteca del Congreso de los Estados Unidos.

Vintage ISBN: 978-0-307-74345-9

www.grupodelectura.com

Impreso en los Estados Unidos de América

10 9 8 7 6 5 4 3 2

Índice

La academia del deber

Zipaquirá, Colombia, 17 de noviembre de 1944

Generalmente, en todos los actos sociales como éste, se designa una persona para que diga un discurso. Esa persona busca siempre el tema más apropiado y lo desarrolla ante los presentes. Yo no vengo a decir un discurso. He podido escoger para hoy el noble tema de la amistad. Pero ¿qué podría deciros de la amistad? Hubiera llenado unos cuantos pliegos con anécdotas y sentencias que al fin y al cabo no me hubieran conducido al fin deseado. Analizad cada uno de vosotros vuestros propios sentimientos, considerad uno por uno los motivos por los cuales sentís una preferencia incomparada por la persona en quien tenéis depositadas todas vuestras intimidades y entonces podréis saber la razón de este acto.

Toda esta serie de acontecimientos cotidianos que nos ha unido por medio de lazos irrompibles con este grupo de muchachos que hoy va a abrirse paso en la vida, eso es la amistad. Y es eso lo que yo os hubiera dicho en este día. Pero, repito, no vengo a decir un discurso; y sólo quiero nombraros jueces de conciencia en este proceso para luego invitaros a compartir con el estudiantado de este plantel el doloroso instante de una despedida.

Aquí están, listos para partir, Henry Sánchez, el simpático D'Artagnan del deporte, con sus tres mosqueteros Jorge Fajardo, Augusto Londoño y Hernando Rodríguez. Aquí están Rafael Cuenca y Nicolás Reyes, el uno como la sombra del otro. Aquí están Ricardo González, gran caballero del tubo de ensayos, y Alfredo García Romero, declarado individuo peligroso en el campo de todas las discusiones: juntos, ejemplares vidas de la amistad verdadera. Aquí están Julio Villafañe y Rodrigo Restrepo, miembros de nuestro parlamento y nuestro periodismo. Aquí, Miguel Ángel Lozano y Guillermo Rubio, apóstoles de la exactitud. Aquí, Humberto Jaimes y Manuel Arenas y Samuel Huertas y Ernesto Martínez, cónsules de la consagración y la buena voluntad. Aquí está Álvaro Nivia con su buen humor y con su inteligencia. Aquí están Jaime Fonseca y Héctor Cuéllar y Alfredo Aguirre, tres personas distintas y un solo ideal verdadero: el triunfo. Aquí, Carlos Aguirre y Carlos Alvarado, unidos por un mismo nombre y por el mismo deseo de ser orgullo de la patria. Aquí, Álvaro Baquero y Ramiro Cárdenas y Jaime Montoya, compañeros inseparables de los libros. Y, finalmente, aquí están Julio César Morales y Guillermo Sánchez, como dos columnas vivas que sostienen en sus hombros la responsabilidad de mis palabras, cuando yo digo que este grupo de muchachos está destinado a perdurar en los mejores daguerrotipos de Colombia. Todos ellos van en busca de la luz impulsados por un mismo ideal.

Ahora que habéis escuchado las cualidades de cada uno, voy a lanzar el fallo que vosotros como jueces de conciencia debéis considerar: en nombre del Liceo Nacional y de la sociedad, declaro a este grupo de jóvenes, con las palabras de Cicerón, miembros de número de la academia del deber y ciudadanos de la inteligencia.

Honorable auditorio, ha terminado el proceso.

Cómo comencé a escribir

Caracas, Venezuela, 3 de mayo de 1970

Primero que todo, perdónenme que hable sentado, pero la verdad es que si me levanto corro el riesgo de caerme de miedo. De veras. Yo siempre creí que los cinco minutos más terribles de mi vida me tocaría pasarlos en un avión y delante de veinte a treinta personas, no delante de doscientos amigos como ahora. Afortunadamente, lo que me sucede en este momento me permite empezar a hablar de mi literatura, ya que estaba pensando que yo comencé a ser escritor en la misma forma que me subí a este estrado: a la fuerza. Confieso que hice todo lo posible por no asistir a esta asamblea: traté de enfermarme, busqué que me diera una pulmonía, fui a donde el peluquero con la esperanza de que me degollara y, por último, se me ocurrió la idea de venir sin saco y sin corbata para que no me permitieran entrar en una reunión tan formal como ésta, pero olvidaba que estaba en Venezuela, en donde a todas partes se puede ir en camisa. Resultado:

que aquí estoy y no sé por dónde empezar. Pero les puedo contar, por ejemplo, cómo comencé a escribir.

A mí nunca se me había ocurrido que pudiera ser escritor pero, en mis tiempos de estudiante, Eduardo Zalamea Borda, director del suplemento literario de *El Espectador* de Bogotá, publicó una nota donde decía que las nuevas generaciones de escritores no ofrecían nada, que no se veía por ninguna parte un nuevo cuentista ni un nuevo novelista. Y concluía afirmando que a él se le reprochaba porque en su periódico no publicaba sino firmas muy conocidas de escritores viejos, y nada de jóvenes en cambio, cuando la verdad —dijo— es que no hay jóvenes que escriban.

A mí me salió entonces un sentimiento de solidaridad para con mis compañeros de generación y resolví escribir un cuento, nomás por taparle la boca a Eduardo Zalamea Borda, que era mi gran amigo, o al menos que después llegó a ser mi gran amigo. Me senté y escribí el cuento, lo mandé a *El Espectador*. El segundo susto lo obtuve el domingo siguiente cuando abrí el periódico y a toda página estaba mi cuento con una nota donde Eduardo Zalamea Borda reconocía que se había equivocado, porque evidentemente con «ese cuento surgía el genio de la literatura colombiana» o algo parecido.

Esta vez sí que me enfermé y me dije: «¡En qué lío me he metido! ¿Y ahora qué hago para no hacer quedar mal a Eduardo Zalamea Borda?». Seguir escribiendo, era la respuesta. Siempre tenía frente a mí el problema de los temas: estaba obligado a buscarme el cuento para poderlo escribir.

Y esto me permite decirles una cosa que compruebo ahora, después de haber publicado cinco libros: el oficio de escritor es tal vez el único que se hace más difícil a medida que más se practica. La facilidad con que yo me senté a escribir aquel cuento una tarde no puede compararse con el trabajo que me cuesta ahora escribir una página. En cuanto a mi método de trabajo, es bastante coherente con esto que les estoy diciendo. Nunca sé cuánto voy a poder escribir ni qué voy a escribir. Espero que se me ocurra algo y, cuando se me ocurre una idea que juzgo buena para escribirla, me pongo a darle vueltas en la cabeza y dejo que se vaya madurando. Cuando la tengo terminada (y a veces pasan muchos años, como en el caso de *Cien años de soledad*, que pasé diecinueve años pensándola), cuando la tengo terminada, repito, entonces me siento a escribirla y ahí empieza la parte más difícil y la que más me aburre. Porque lo más delicioso de la historia es concebirla, irla redondeando, dándole vueltas y revueltas, de manera que a la hora de sentarse a escribirla ya no le interesa a uno mucho, o al menos a mí no me interesa mucho; la idea que le da vueltas.

Les voy a contar, por ejemplo, la idea que me está dando vueltas en la cabeza hace ya varios años y sospecho que la tengo ya bastante redonda. Se la cuento ahora, porque seguramente cuando la escriba, no sé cuándo, ustedes la van a encontrar completamente distinta y podrán observar en qué forma evolucionó. Imagínense un pueblo muy pequeño donde hay una señora vieja que tiene dos hijos, uno de diecisiete y una hija menor de catorce. Está sirviéndoles el desayuno a sus hijos y se le advierte una expresión muy preocupada. Los hijos le preguntan qué le pasa y ella responde: «No sé, pero he amanecido con el pensamiento de que algo muy grave va a suceder en este pueblo».

Ellos se ríen de ella, dicen que ésos son presentimientos de vieja, cosas que pasan. El hijo se va a jugar billar, y en el momento en que va a tirar una carambola sencillísima, el adversario le dice: «Te apuesto un peso a que no la haces». Todos se ríen, él se ríe, tira la carambola y no la hace. Paga un peso y le pregunta: «¿Pero qué pasó, si era una carambola tan sencilla?». Dice: «Es cierto, pero me ha quedado la preocupación de una cosa que me dijo mi mamá esta mañana sobre algo grave que va a suceder en este pueblo». Todos se ríen de él y el que se ha ganado el peso regresa a su casa, donde está su mamá y una prima o una nieta o en fin, cualquier parienta. Feliz con su peso dice: «Le gané este peso a Dámaso en la forma más sencilla, porque es un tonto». «¿Y por qué es un tonto?». Dice: «Hombre, porque no pudo hacer una carambola sencillísima estorbado por la preocupación de que su mamá amaneció hoy con la idea de que algo muy grave va a suceder en este pueblo».

Entonces le dice la mamá: «No te burles de los presentimientos de los viejos, porque a veces salen». La parienta lo oye y va a comprar carne. Ella dice al carnicero: «Véndame una libra de carne» y, en el momento en que está cortando, agrega: «Mejor véndame dos porque andan diciendo que algo grave va a pasar y lo mejor es estar preparado». El carnicero despacha su carne y cuando llega otra señora a comprar una libra de carne, le dice: «Lleve dos porque hasta aquí llega la gente diciendo que algo muy grave va a pasar, y se está preparando, y andan comprando cosas».

Entonces la vieja responde: «Tengo varios hijos; mire, mejor déme cuatro libras». Se lleva cuatro libras y para no hacer largo el cuento, diré que el carnicero en media hora agota la carne, mata otra vaca, se vende toda y se va esparciendo el rumor. Llega el momento en que todo el mundo en el pueblo está esperando que pase algo. Se paralizan las actividades y de pronto, a las dos de la tarde, hace calor como siempre. Alguien dice: «Se han dado cuenta del calor que está haciendo?». «Pero si en este pueblo siempre ha hecho calor.» Tanto calor que es un pueblo donde todos los músicos tenían instrumentos remendados con brea y tocaban siempre a la sombra porque si tocaban al sol se les caían a pedazos. «Sin embargo —dice uno—, nunca a esta hora ha hecho tanto calor.» «Sí, pero no tanto calor como ahora.» Al pueblo desierto, a la plaza desierta, baja de pronto un parajito y se corre la voz: «Hay un pajarito en la plaza». Y viene todo el mundo espantado a ver el pajarito.

«Pero, señores, siempre ha habido pajaritos que bajan.» «Sí, pero nunca a esta hora.» Llega un momento de tal tensión para los habitantes del pueblo que todos están desesperados por irse y no tienen el valor de hacerlo. «Yo sí soy muy macho —grita uno—, yo me voy.» Agarra sus muebles, sus hijos, sus animales, los mete en una carreta y atraviesa la calle central donde está el pobre pueblo viéndolo. Hasta el momento en que dicen: «Si éste se atreve a irse, pues nosotros también nos vamos», y empiezan a desmantelar literalmente al pueblo. Se llevan las cosas, los animales, todo. Y uno de los últimos que abandona el pueblo dice: «Que no venga la desgracia a caer sobre todo lo que queda de nuestra casa» y entonces incendia la casa y otros incendian otras casas. Huyen en un tremendo y verdadero pánico, como en éxodo de guerra, y en medio de ellos va la señora que tuvo el presagio clamando: «Yo lo dije, que algo muy grave iba a pasar y me dijeron que estaba loca».

Por ustedes

Caracas, Venezuela, 2 de agosto de 1972

Ahora que estamos solos, entre amigos, quisiera solicitar la complicidad de ustedes para que me ayuden a sobrellevar el recuerdo de esta tarde, la primera de mi vida en que he venido de cuerpo presente y en pleno uso de mis facultades a hacer al mismo tiempo dos de las cosas que me había prometido no hacer jamás: recibir un premio y decir un discurso.

Siempre he creído, en contra de otros criterios muy respetables, que los escritores no estamos en el mundo para ser coronados, y muchos de ustedes saben que todo homenaje público es un principio de embalsamamiento. Siempre he creído, en fin, que los escritores no lo somos por nuestros propios méritos, sino por la desgracia de que no podemos ser otra cosa y que nuestro trabajo solitario no debe merecernos más recompensas ni más privilegios que los que merece el zapatero por hacer sus zapatos. Sin embargo, no crean que vengo a disculparme por haber venido, ni que trato de menospreciar la distinción que hoy se me hace bajo el nombre propicio de un hombre grande e inolvidable de las letras de América. Al contrario, he venido a regocijarme en el espectáculo público, por haber conocido un motivo que agrieta mis principios y amordaza mis escrúpulos: estoy aquí, amigos, sencillamente por mi antiguo y empecinado afecto hacia esta tierra en que una vez fui joven, indocumentado y feliz, como un acto de cariño y solidaridad con mis amigos de Venezuela, amigos generosos, cojonudos y mamadores de gallo hasta la muerte. Por ellos he venido, es decir, por ustedes.

Otra patria distinta

Ciudad de México, 22 de octubre de 1982

Recibo la orden del Águila Azteca con dos sentimientos que no suelen andar juntos: el orgullo y la gratitud. Se formaliza de este modo el vínculo entrañable que mi esposa y yo hemos establecido con este país que escogimos para vivir desde hace más de veinte años. Aquí han crecido mis hijos, aquí he escrito mis libros, aquí he sembrado mis árboles.

En los años sesenta, cuando ya no era feliz pero aún seguía siendo indocumentado, amigos mexicanos me brindaron su apoyo y me infundieron la audacia para seguir escribiendo, en circunstancias que hoy evoco como un capítulo que se me olvidó en *Cien años de soledad*. En el decenio pasado, cuando el éxito y la publicidad excesiva trataban de perturbar mi vida privada, la discreción y el tacto legendario de los mexicanos me permitieron encontrar el sosiego interior y el tiempo inviolable para proseguir sin descanso mi duro oficio de carpintero. No es, pues, una segunda patria, sino otra patria distinta que se me ha dado sin condiciones, y sin disputarle a la mía propia el amor y la fidelidad que le profeso, y la nostalgia con que me los reclama sin tregua.

Pero el honor que se confiere a mi persona no sólo me conmueve por tratarse del país donde vivo y he vivido. Siento, señor presidente, que esta distinción de su gobierno honra también a todos los desterrados que se han acogido al amparo de México. Sé que no tengo representación alguna, y que mi caso es todo menos que típico. Sé también que las condiciones actuales de mi residencia en México no son las mismas de la inmensa mayoría de los perseguidos que en esta última década han encontrado en México un refugio providencial. Por desgracia, perduran aún en nuestro continente tiranías remotas y masacres vecinas que obligan a un destierro mucho menos voluntario y placentero que el mío. Hablo en nombre propio, pero sé que muchos se reconocerán en mis palabras.

Gracias, señor, por estas puertas abiertas. Que nunca se cierren, por favor, bajo ninguna circunstancia.

LA SOLEDAD DE AMÉRICA LATINA

Estocolmo, Suecia, 8 de diciembre de 1982

Antonio Pigafetta, un navegante florentino que acompañó a Magallanes en el primer viaje alrededor del mundo, escribió a su paso por nuestra América meridional una crónica rigurosa que, sin embargo, parece una aventura de la imaginación. Contó que había visto cerdos con el ombligo en el lomo y unos pájaros sin patas cuyas hembras empollaban en las espaldas del macho, y otros como alcatraces sin lengua cuyos picos parecían una cuchara. Contó que había visto un engendro animal con cabeza y orejas de mula, cuerpo de camello, patas de ciervo y relincho de caballo. Contó que al primer nativo que encontraron en la Patagonia le pusieron enfrente un espejo y que aquel gigante enardecido perdió el uso de la razón por el pavor de su propia imagen.

Este libro breve y fascinante, en el cual ya se vislumbran los gérmenes de nuestras novelas de hoy, no es ni mucho menos el testimonio más asombroso de nuestra realidad de aquellos tiempos. Los cronistas de Indias nos legaron otros incontables. El Dorado —nuestro país ilusorio tan codiciado— figuró en mapas numerosos durante largos años, cambiando de lugar y de forma según la fantasía de los cartógrafos. En busca de la fuente de la Eterna Juventud, el mítico Álvar Núñez Cabeza de Vaca exploró durante ocho años el norte de México, en una expedición venática cuyos miembros se comieron unos a otros y sólo llegaron cinco de los seiscientos que la emprendieron. Uno de los tantos misterios que nunca fueron descifrados es el de las once mil mulas cargadas con cien libras de oro cada una, que un día salieron del Cuzco para pagar el rescate de Atahualpa y nunca llegaron a su destino. Más tarde, durante la colonia, se vendían en Cartagena de Indias unas gallinas criadas en tierras de aluvión, en cuyas mollejas se encontraban piedrecitas de oro. Este delirio áureo de nuestros fundadores nos persiguió hasta hace poco tiempo. Apenas en el siglo pasado, la misión alemana encargada de estudiar la construcción de un ferrocarril interoceánico en el istmo de Panamá concluyó que el proyecto era viable con la condición de que los rieles no se hicieran de hierro, que era un metal escaso en la región, sino que se hicieran de oro.

La independencia del dominio español no nos puso a salvo de la demencia. El general Antonio López de Santa Anna, que fue tres veces dictador de México, hizo enterrar con funerales magníficos la pierna derecha que había perdido en la llamada Guerra de los Pasteles. El general Gabriel García Moreno gobernó Ecuador durante dieciséis años como un monarca absoluto y su cadáver fue velado, con su uniforme de gala y su coraza de condecoraciones, sentado en la silla presidencial. El general Maximiliano Hernández Martínez, el déspota teósofo de El Salvador que hizo exterminar en una matanza bárbara a treinta mil campesinos, había inventado un péndulo para averiguar si los alimentos estaban envenenados, e hizo cubrir con papel rojo el alumbrado público para combatir una epidemia de escarlatina. El monumento al general Francisco Morazán, erigido en la plaza mayor de Tegucigalpa, es en realidad una estatua del mariscal Ney comprada en un depósito de esculturas usadas.

Hace once años, uno de los poetas insignes de nuestro tiempo, el chileno Pablo Neruda, iluminó este ámbito con su palabra. En las buenas conciencias de Europa, y a veces también en las malas, han irrumpido desde entonces con más ímpetu que nunca las noticias fantasmales de la América Latina, esa patria inmensa de hombres alucinados y mujeres históricas, cuya terquedad sin fin se confunde con la leyenda. No hemos tenido un instante de sosiego. Un presidente prometeico atrincherado en su palacio en llamas murió peleando solo contra todo un ejército, y dos desastres aéreos sospechosos y nunca esclarecidos segaron la vida de otro de corazón generoso, y la de un militar demócrata que había restaurado la dignidad de su pueblo.

Ha habido cinco guerras y diecisiete golpes de Estado, y surgió un dictador luciferino que en el nombre de Dios llevó a cabo el primer etnocidio de América Latina en nuestro tiempo. Mientras tanto, veinte millones de niños latinoamericanos morían antes de cumplir dos años, que son más de cuantos han nacido en Europa desde 1970. Los desaparecidos por motivos de la represión son casi ciento veinte mil, que es como si hoy no se supiera dónde están todos los habitantes de la ciudad de Upsala. Numerosas mujeres arrestadas encinta dieron a luz en cárceles argentinas, pero aún se ignora el paradero y la identidad de sus hijos, que fueron dados en adopción clandestina o internados en orfanatos por las autoridades militares. Por no querer que las cosas siguieran así han muerto cerca de doscientas mil mujeres y hombres en todo el continente, y más de cien mil perecieron en tres pequeños y voluntariosos países de la América Central: Nicaragua, El Salvador y Guatemala. Si esto fuera en los Estados Unidos, la cifra proporcional sería de 1.000.600 muertes violentas en cuatro años.

De Chile, país de tradiciones hospitalarias, ha huido un millón de personas: el diez por ciento de su población. Uruguay, una nación minúscula de dos millones y medio de habitantes que se consideraba como el país más civilizado del continente, ha perdido en el destierro a uno de cada cinco ciudadanos. La guerra civil en El Salvador ha causado, desde 1979, casi un refugiado cada veinte minutos. El país que se podría hacer con todos los exiliados y emigrados forzosos de América Latina tendría una población más numerosa que Noruega.

Me atrevo a pensar que es esta realidad descomunal, y no sólo su expresión literaria, la que este año ha merecido la atención de la Academia Sueca de las Letras. Una realidad que no es la del papel, sino que vive con nosotros y determina cada instante de nuestras incontables muertes cotidianas, y que sustenta un manantial de creación insaciable, pleno de desdicha y de belleza, del cual este colombiano errante y nostálgico no es más que una cifra más señalada por la suerte. Poetas y mendigos, guerreros y malandrines, todas la criaturas de aquella realidad desaforada hemos tenido que pedirle muy poco a la imaginación, porque el desafío mayor para nosotros ha sido la insuficiencia de los recursos convencionales para hacer creíble nuestra vida. Éste es, amigos, el nudo de nuestra soledad.

Pues si estas dificultades nos entorpecen a nosotros, que somos de su esencia, no es difícil entender que los talentos racionales de este lado del mundo, extasiados en la contemplación de su propia cultura, se hayan quedado sin un método válido para interpretarnos. Es comprensible que insistan en medirnos con la misma vara con que se miden a sí mismos, sin recordar que los estragos de la vida no son iguales para todos, y que la búsqueda de la identidad propia es tan ardua y sangrienta para nosotros como lo fue para ellos. La interpretación de nuestra realidad con esquemas ajenos sólo contribuye a hacernos cada vez más desconocidos, cada vez menos libres, cada vez más solitarios. Tal vez la Europa venerable sería más comprensiva si tratara de vernos en su propio pasado. Si recordara que Londres necesitó trescientos años para construirse su primera muralla y otros trescientos para tener un obispo; que Roma se debatió en las tinieblas de la incertidumbre durante veinte siglos antes de que un rey etrusco la implantara en la historia, y que aún en el siglo XVI, los pacíficos suizos de hoy, que nos deleitan con sus quesos mansos y sus relojes impávidos, ensangrentaron a Europa como soldados de fortuna. Aún en el apogeo del Renacimiento, doce mil lansquenetes a sueldo de los ejércitos imperiales saquearon y devastaron Roma, y pasaron a cuchillo a ocho mil de sus habitantes.

No pretendo encarnar las ilusiones de Tonio Kröger, cuyos sueños de unión entre un norte casto y un sur apasionado exaltaba Thomas Mann hace cincuenta y tres años en este lugar, pero creo que los europeos de espíritu clarificador —los que luchan también aquí por una patria grande más humana y más justa— podrían ayudarnos mejor si revisaran a fondo su manera de vernos. La solidaridad con nuestros sueños no nos hará sentir menos solos mientras no se concrete con actos de respaldo legítimo a los pueblos que asuman la ilusión de tener una vida propia en el reparto del mundo.

América Latina no quiere ni tiene por qué ser un alfil sin albedrío ni tiene nada de quimérico que sus designios de independencia y originalidad se conviertan en una aspiración occidental. No obstante, los progresos de la navegación que han reducido tantas distancias entre nuestras Américas y Europa parecen haber aumentado en cambio nuestra distancia cultural. ¿Por qué la originalidad que se nos admite sin reservas en la literatura se nos niega con toda clase de suspicacias en nuestras tentativas tan difíciles de cambio social? ¿Por qué pensar que la justicia social que los europeos de avanzada tratan de imponer en sus países no puede ser también un objetivo latinoamericano con métodos distintos en condiciones diferentes? No: la violencia y el dolor desmesurados de nuestra historia son el resultado de injusticias seculares y amarguras sin cuento, y no una confabulación urdida a tres mil leguas de nuestra casa. Pero muchos dirigentes y pensadores europeos lo han creído, con el infantilismo de los abuelos que olvidaron las locuras fructíferas de su juventud, como si no fuera posible otro destino que vivir a merced de los dos grandes dueños del mundo. Éste es, amigos, el tamaño de nuestra soledad. Sin embargo, frente a la opresión, el saqueo y el abandono, nuestra respuesta es la vida. Ni los diluvios ni las pestes, ni las hambrunas ni los cataclismos, ni siquiera las guerras eternas a través de los siglos y los siglos han conseguido reducir la ventaja tenaz de la vida sobre la muerte.

Una ventaja que aumenta y se acelera: cada año hay setenta y cuatro millones más de nacimientos que de defunciones, una cantidad de vivos nuevos como para aumentar siete veces cada año la población de Nueva York. La mayoría de ellos nacen en los países con menos recursos y, entre éstos, por supuesto, los de América Latina. En cambio, los países más prósperos han logrado acumular suficiente poder de destrucción como para aniquilar cien veces no sólo a todos los seres humanos que han existido hasta hoy, sino a la totalidad de los seres vivos que han pasado por este planeta de infortunios.

Un día como el de hoy, mi maestro William Faulkner dijo en este lugar: «Me niego a admitir el fin del hombre». No me siento digno de ocupar este sitio que fue suyo si no tuviera la conciencia plena de que, por primera vez desde los orígenes de la humanidad, el desastre colosal que él se negaba a admitir hace treinta y dos años es ahora nada más que una simple posibilidad científica. Ante esta realidad sobrecogedora que a través de todo el tiempo humano debió de parecer una utopía, los inventores de fábulas que todo lo creemos nos sentimos con el derecho de creer que todavía no es demasiado tarde para emprender la creación de la utopía contraria. Una nueva y arrasadora utopía de la vida, donde nadie pueda decidir por otros hasta la forma de morir, donde de veras sea cierto el amor y sea posible la felicidad, y donde las estirpes condenadas a cien años de soledad tengan por fin y para siempre una segunda oportunidad sobre la Tierra.

Brindis por la poesía

Estocolmo, Suecia, 10 de diciembre de 1982

Agradezco a la Academia de Letras de Suecia el que me haya distinguido con un premio que me coloca junto a muchos de quienes orientaron y enriquecieron mis años de lector y de cotidiano celebrante de ese delirio sin apelación que es el oficio de escribir. Sus nombres y sus obras se me presentan hoy como sombras tutelares, pero también como el compromiso, a menudo agobiante, que se adquiere con este honor. Un duro honor que en ellos me pareció una simple justicia, pero que en mí entiendo como una más de esas lecciones con las que suele sorprendernos el destino, y que hacen más evidente nuestra condición de juguetes de un azar indescifrable, cuya única y desoladora recompensa suele ser, la mayoría de las veces, la incomprensión y el olvido.

Es por ello apenas natural que me interrogara, allá en ese trasfondo secreto en donde solemos trasegar con las verdades más esenciales que conforman nuestra identidad, cuál ha sido el sustento constante de mi obra, qué pudo haber llamado la atención de una manera tan comprometedora a este tribunal de árbitros tan severos. Confieso sin falsas modestias que no me ha sido fácil encontrar la razón, pero quiero creer que ha sido la misma que yo hubiera deseado. Quiero creer, amigos, que éste es, una vez más, un homenaje que se rinde a la poesía. A la poesía por cuya virtud el inventario abrumador de las naves que enumeró en su *Ilíada* el viejo Homero está visitado por un viento que las empuja a navegar con su presteza intemporal y alucinada. La poesía que sostiene, en el delgado andamiaje de los tercetos de Dante, toda la fábrica densa y colosal de la Edad Media. La poesía que con tan milagrosa totalidad rescata a nuestra América en «Alturas de Macchu Picchu» de Pablo Neruda, el grande, el más grande, y donde destilan su tristeza milenaria nuestros mejores sueños sin salida. La poesía, en fin, esa energía secreta de la vida cotidiana que cuece los garbanzos en la cocina y contagia el amor y repite las imágenes en los espejos.

En cada línea que escribo trato siempre, con mayor o menor fortuna, de invocar los espíritus esquivos de la poesía, y trato de dejar en cada palabra el testimonio de mi devoción por sus virtudes de adivinación y por su permanente victoria contra los sordos poderes de la muerte. El premio que acabo de recibir lo entiendo, con toda humildad, como la consoladora revelación de que mi intento no ha sido en vano. Es por eso que invito a todos ustedes a brindar por lo que un gran poeta de nuestras Américas, Luis Cardoza y Aragón, ha definido como la única prueba concreta de la existencia del hombre: la poesía. Muchas gracias.

Palabras para un nuevo milenio

La Habana, Cuba, 29 de noviembre de 1985

Siempre me he preguntado para qué sirven los encuentros de intelectuales. Aparte de los muy escasos que han tenido una significación histórica real en nuestro tiempo, como el que tuvo lugar en Valencia de España en 1937, la mayoría no pasan de ser simples entretenimientos de salón. Sin embargo, sorprende que se celebren tantos, y cada vez en número mayor, más concurridos y costosos a medida que se recrudece la crisis mundial. Un premio Nobel de Literatura asegura haber recibido en lo que va del año casi dos mil invitaciones a congresos de escritores, festivales de arte, coloquios, seminarios de toda índole: más de tres diarios en sitios dispersos del mundo entero. Hay un congreso institucional, de frecuencia constante y con todos los gastos pagados, cuyas reuniones se suceden cada año en treinta y un lugares distintos, algunos tan apetecibles como Roma o Adelaida, o tan sorprendentes como Stavanger o Yverdon, o en algunos que más bien parecen desafíos de crucigramas, como Polyphénix o Knokke. Son tantos, en fin, y sobre tantos y tan variados temas, que el año pasado se celebró en el castillo de Mouiden, en Ámsterdam, un congreso mundial de organizadores de congresos de poesía. No es inverosímil: un intelectual complaciente podría nacer dentro de un congreso y seguir creciendo y madurándose en otros congresos sucesivos, sin más pausas que las necesarias para trasladarse del uno al otro, hasta morir de una buena vejez en su congreso final.

Sin embargo, tal vez sea ya demasiado tarde para tratar de interrumpir esta costumbre que los artesanos de la cultura arrastramos a través de la historia desde que Píndaro ganó los Juegos Olímpicos. Eran unos tiempos en que el cuerpo y el espíritu andaban mejor avenidos que ahora, de modo que las voces de los bardos era tan apreciadas en los estadios como las hazañas de los atletas. Ya los romanos, desde el 508 antes de Cristo, debieron vislumbrar que el abuso de los juegos era su mayor peligro. Pues por aquellos años instauraron los Juegos Seculares, y más tarde los Juegos Terentinos, que se celebraban con una periodicidad ejemplar para hoy: cada cien o cada ciento tres años.

Congresos de cultura, ya en la Edad Media, lo eran también los debates y torneos de juglares, luego los de los trovadores, y más tarde los de juglares y trovadores a la vez, con los cuales se inició una tradición que todavía sufrimos a menudo: empezaban en juegos y terminaban en pleitos. Pero también alcanzaron tal esplendor, que bajo el reinado de Luis XIV se inauguraban con un banquete colosal, cuya evocación aquí —lo juro— no pretende ser una sugerencia velada: se servían diecinueve bueyes, tres mil pasteles y más de doscientas barricas de vino.

La culminación de este concierto de juglares y trovadores fueron los Juegos Florales de Toulouse, el más antiguo y persistente de los encuentros poéticos —modelo de continuidad— instaurado hace seiscientos sesenta años. Su fundadora, Clemencia Isaura, fue una mujer inteligente, emprendedora y bella, cuya única falla parece ser que no existió nunca: quizás fue una invención pura de siete trovadores que crearon el certamen en un esfuerzo por impedir la extinción de la poesía provenzal. Pero su inexistencia misma es una prueba más del poder creador de la poesía, pues en Toulouse hay una tumba de Clemencia Isaura en la iglesia de La Dorada, y una calle con su nombre y un monumento a su memoria.

Dicho esto, tenemos derecho a preguntarnos: ¿qué hacemos aquí? Y sobre todo: ¿qué hago yo encaramado en esta percha de honor, yo que siempre he considerado los discursos como el más terrorífico de los compromisos humanos? No me atrevo a insinuar una respuesta, pero sí una propuesta: estamos aquí para tratar de que un encuentro de intelectuales tenga lo que la inmensa mayoría de ellos no ha tenido: utilidad práctica y continuidad.

Para empezar, hay algo que lo distingue. Además de escritores, pintores, músicos, sociólogos, historiadores, hay en este encuentro un grupo de científicos esclarecidos. Es decir: nos hemos atrevido a desafiar el contubernio tan temido de las ciencias y las artes; a mezclar en un mismo crisol a los que todavía confiamos en la clarividencia de los presagios y los que sólo creen en las verdades verificables: la muy antigua adversidad entre la inspiración y la experiencia, entre el instinto y la razón. Saint-John Perse, en su memorable discurso del Premio Nobel, derrotó este falso dilema con una sola frase: «Tanto en el científico como en el poeta —dijo— hay que honrar el desinterés del pensamiento». Que al menos aquí no sigan siendo considerados como hermanos enemigos, pues la interrogación de ambos es la misma sobre un mismo abismo.

La idea de que la ciencia sólo concierne a los científicos es tan anticientífica como es antipoético pretender que la poesía sólo concierne a los poetas. En ese sentido, el nombre de la UNESCO —Organización de las Naciones Unidas para la Educación, la Ciencia y la Cultura— arrastra por el mundo una grave inexactitud, dando por hecho que las tres cosas son distintas, cuando en realidad todas son una sola.

Pues la cultura es la fuerza totalizadora de la creación: el aprovechamiento social de la inteligencia humana. O como lo dijo Jack Lang sin más vueltas: «La cultura es todo». Bienvenidos, pues, bienvenidos todos juntos a la casa de todos.

No me atrevo a sugerir nada más que algunos motivos de reflexión para estos tres días de retiros espirituales. Me atrevo a recordarles, en primer término, algo que quizás recuerden de sobra: que cualquier decisión a mediano plazo que se tome en estos tiempos de postrimerías es ya una decisión para el siglo XXI. Sin embargo, latinoamericanos y caribes nos acercamos a él con la sensación desoladora de habernos saltado el siglo XX: lo hemos padecido sin vivirlo. Medio mundo celebrará el amanecer del año 2001 como una culminación milenaria, mientras nosotros empezamos apenas a vislumbrar los beneficios de la revolución industrial. Los niños que hoy están en la escuela primaria preparándose para regir nuestros destinos en la centuria venidera, siguen condenados a contar con los dedos de la mano, como los contabilistas de la más remota antigüedad, mientras ya existen computadoras capaces de hacer cien mil operaciones aritméticas por segundo. En cambio hemos perdido en cien años las mejores virtudes humanas del siglo XIX: el idealismo febril y la prioridad de los sentimientos: el susto del amor.

En algún momento del próximo milenio la genética vislumbrará la eternidad de la vida humana como una realidad posible, la inteligencia electrónica soñará con la aventura quimérica de escribir una nueva *Ilíada*, y en su casa de la Luna habrá una pareja de enamorados de Ohio o de Ucrania, abrumados por la nostalgia, que se amarán en jardines de vidrio a la luz de la Tierra. La América Latina y el Caribe, en cambio, perecen condenados a la servidumbre del presente: los desmadres telúricos, los cataclismos políticos y sociales, las urgencias inmediatas de la vida diaria, de las dependencias de toda índole, de la pobreza y la injusticia, no nos han dejado mucho tiempo para asimilar las lecciones del pasado ni pensar en el futuro. El escritor argentino Rodolfo Terragno ha hecho la síntesis de este drama: «Somos usuarios de rayos X y transistores, tubos catódicos y memorias electrónicas, pero no hemos incorporado los fundamentos de la cultura contemporánea a nuestra propia cultura».

Por fortuna, la reserva determinante de la América Latina y el Caribe es una energía capaz de mover el mundo: la peligrosa memoria de nuestros pueblos. Es un inmenso patrimonio cultural anterior a toda materia prima, una materia primaria de carácter múltiple que acompaña cada paso de nuestras vidas. Es una cultura de resistencia que se expresa en los escondrijos del lenguaje, en las vírgenes mulatas —nuestras patronas artesanales—, verdaderos milagros del pueblo en contra del poder clerical colonizador. Es una cultura de la solidaridad, que se expresa ante los excesos criminales de nuestra naturaleza indómita, o en la insurgencia de los pueblos por su identidad y su soberanía. Es una cultura de protesta en los rostros indígenas de los ángeles artesanales de nuestros templos, o en la música de las nieves perpetuas que trata de conjurar con la nostalgia los sordos poderes de la muerte. Es una cultura de la vida cotidiana que se expresa en la imaginación de la cocina, del modo de vestir, de la superstición creativa, de las liturgias íntimas del amor. Es una cultura de fiesta, de transgresión, de misterio, que rompe la camisa de fuerza de la realidad y reconcilia por fin el raciocinio y la imaginación, la palabra y el gesto, y demuestra de hecho que no hay concepto que tarde o temprano no sea rebasado por la vida. Ésta es la fuerza de nuestro retraso. Una energía de novedad y belleza que nos pertenece por completo y con la cual nos bastamos de nosotros mismos, que no podrá ser domesticada ni por la voracidad imperial, ni por la brutalidad del opresor interno, ni siquiera por nuestros propios miedos inmemoriales de traducir en palabras los sueños más recónditos. Hasta la revolución misma es una obra cultural, la expresión total de una vocación y una capacidad creadoras que justifican y exigen de todos nosotros una profunda confianza en el porvenir.

Éste sería algo más que uno más de los tantos encuentros que ocurren a diario en el mundo si logramos vislumbrar al menos nuevas formas de organización práctica para canalizar el aluvión irresistible de la creatividad de nuestros pueblos, el intercambio real y la solidaridad entre nuestros creadores, una continuidad histórica y una más amplia y profunda utilidad social de la creación intelectual, el más misterioso y solitario de los oficios humanos. Sería, en fin, un aporte decisivo a la inaplazable determinación política de saltar por encima de cinco siglos ajenos y de entrar pisando firme, con un horizonte milenario, en el milenio inminente.

El cataclismo de Damocles

Ixtapa-Zihuatanejo, México, 6 de agosto de 1986

Un minuto después de la última explosión, más de la mitad de los seres humanos habrá muerto, el polvo y el humo de los continentes en llamas derrotarán a la luz solar, y las tinieblas absolutas volverán a reinar en el mundo. Un invierno de lluvias anaranjadas y huracanes helados invertirá el tiempo de los océanos y volteará el curso de los ríos, cuyos peces habrán muerto de sed en las aguas ardientes, y cuyos pájaros no encontrarán el cielo. Las nieves perpetuas cubrirán el desierto del Sáhara, la vasta Amazonia desaparecerá de la faz del planeta destruida por el granizo, y la era del rock y de los corazones trasplantados estará de regreso a su infancia glacial. Los pocos seres humanos que sobrevivan al espanto, y los que hubieran tenido el privilegio de un refugio seguro a las tres de la tarde del lunes aciago de la catástrofe magna, sólo habrán salvado la vida para morir después por el horror de sus recuerdos. La creación habrá terminado. En el caos final de la humedad y las noches eternas, el único vestigio de lo que fue la vida serán las cucarachas.

Señores presidentes, señores primeros ministros, amigas, amigos:

Esto no es un mal plagio del delirio de Juan en su destierro de Patmos, sino la visión anticipada de un desastre cósmico que puede suceder en este mismo instante: la explosión —dirigida o accidental— de sólo una parte mínima del arsenal nuclear que duerme con un ojo y vela con el otro en las santabárbaras de las grandes potencias.

Así es. Hoy, 6 de agosto de 1986, existen en el mundo más de cincuenta mil ojivas nucleares emplazadas. En términos caseros, esto quiere decir que cada ser humano, sin excluir a los niños, está sentado en un barril con unas cuatro toneladas de dinamita cuya explosión total puede eliminar doce veces todo rastro de vida en la Tierra. La potencia de aniquilación de esta amenaza colosal, que pende sobre nuestras cabezas como un cataclismo de Damocles, plantea la posibilidad teórica de inutilizar cuatro planetas más de los que giran alrededor del Sol y de influir en el equilibrio del sistema solar. Ninguna ciencia, ningún arte, ninguna industria se ha doblado a sí misma tantas veces como la industria nuclear desde su origen, hace cuarenta y un años, ni ninguna otra creación del ingenio humano ha tenido nunca tanto poder de determinación sobre el destino del mundo.

El único consuelo de estas simplificaciones terroríficas —si de algo nos sirven— es comprobar que la preservación de la vida humana en la Tierra sigue siendo todavía más barata que la peste nuclear, pues con el solo hecho de existir, el tremendo Apocalipsis cautivo en los silos de la muerte de los países más ricos está malbaratando las posibilidades de una vida mejor para todos.

En la asistencia infantil, por ejemplo, esto es una verdad de aritmética primaria. Unicef calculó, en 1981, un programa para resolver los problemas esenciales de los 500 millones de niños más pobres del mundo. Comprendía la asistencia sanitaria de base, la educación elemental, la mejora de las condiciones higiénicas, del abastecimiento de agua potable y de la alimentación. Todo esto parecía un sueño imposible de 100.000 millones de dólares. Sin embargo, ése es apenas el costo de cien bombarderos estratégicos B-1B, y de menos de siete mil cohetes Crucero, en cuya producción ha de invertir el gobierno de los Estados Unidos 21.200 millones de dólares.

En la salud, por ejemplo: con el costo de diez portaviones nucleares Nimitz, de los quince que van a fabricar los Estados Unidos antes del año 2000, podría realizarse un programa preventivo que protegiera, en esos mismos catorce años, a más de mil millones de personas contra el paludismo y evitara la muerte —sólo en África— de más de catorce millones de niños.

En la alimentación, por ejemplo: el año pasado había en el mundo, según cálculos de la FAO, unos 575 millones de personas con hambre. Su promedio calórico indispensable habría costado menos que 149 cohetes MX, de los doscientos veintitrés que serán emplazados en Europa occidental. Con 27 de ellos podrían comprarse los equipos agrícolas necesarios para que los países pobres adquieran la suficiencia alimentaria en los próximos cuatro años. Ese programa, además, no alcanzaría a costar ni la novena parte del presupuesto militar soviético de 1982.

En la educación, por ejemplo: con sólo dos submarinos atómicos Trident, de los veinticinco que planea fabricar el gobierno actual de los Estados Unidos, o con una cantidad similar de los submarinos Tifón que está construyendo la Unión Soviética, podría intentarse por fin la fantasía de la alfabetización mundial. Por otra parte, la construcción de las escuelas y la calificación de los maestros que harán falta al Tercer Mundo para atender las demandas adicionales de la educación en los diez años por venir podrían pagarse con el costo de doscientos cuarenta y cinco cohetes Tridente II, y aún quedarían sobrando cuatrocientos diecinueve cohetes para el mismo incremento de la educación en los quince años siguientes.

Puede decirse, por último, que la cancelación de la deuda externa de todo el Tercer Mundo y su recuperación económica durante diez años costaría poco más de la sexta parte de los gastos militares del mundo en ese mismo tiempo. Con todo, frente a este despilfarro económico descomunal, es todavía más inquietante y doloroso el despilfarro humano: la industria de la guerra mantiene en cautiverio al más grande continente de sabios jamás reunido para empresa alguna en la historia de la humanidad. Gente nuestra, cuyo sitio natural no es allá sino aquí, en esta mesa, y cuya liberación es indispensable para que nos ayuden a crear, en el ámbito de la educación y la justicia, lo único que puede salvarnos de la barbarie: una cultura de la paz.

A pesar de estas certidumbres dramáticas, la carrera de las armas no se concede un instante de tregua. Ahora, mientras almorzamos, se construyó una nueva ojiva nuclear. Mañana, cuando despertemos, habrá nueve más en los guardarneses de muerte del hemisferio de los ricos. Con todo, lo que costará una sola de ellas alcanzaría —aunque sólo fuera por un domingo de otoño— para perfumar de sándalo las cataratas del Niágara.

Un gran novelista de nuestro tiempo se preguntó alguna vez si la Tierra no sería el infierno de otros planetas. Tal vez sea mucho menos: una aldea sin memoria, dejada de la mano de sus dioses en el último suburbio de la gran patria universal. Pero la sospecha creciente de que es el único sitio del sistema solar donde se ha dado la prodigiosa aventura de la vida nos arrastra sin piedad a una conclusión descorazonadora: la carrera de las armas va en sentido contrario de la inteligencia.

Y no sólo de la inteligencia humana, sino de la inteligencia misma de la naturaleza, cuya finalidad escapa inclusive a la clarividencia de la poesía. Desde la aparición de la vida visible en la Tierra debieron transcurrir trescientos ochenta millones de años para fabricar una rosa sin otro compromiso que el de ser hermosa, y cuatro eras geológicas para que los seres humanos —a diferencia del bisabuelo Pitecántropo— fueran capaces de cantar mejor que los pájaros y de morirse de amor. No es nada honroso para el talento humano, en la edad de oro de la ciencia, haber concebido el modo de que un proceso multimilenario tan dispendioso y colosal pueda regresar a la nada de donde vino por el arte simple de oprimir un botón.

Para tratar de impedir que eso ocurra estamos aquí, sumando nuestras voces a las innumerables que claman por un mundo sin armas y una paz con justicia. Pero aun si ocurre —y más aun si ocurre—, no será del todo inútil que estemos aquí. Dentro de millones de millones de milenios después de la explosión, una salamandra triunfal que habrá vuelto a recorrer la escala completa de las especies, será quizás coronada como la mujer más hermosa de la nueva creación. De nosotros depende, hombres y mujeres de ciencia, hombres y mujeres de las artes y las letras, hombres y mujeres de la inteligencia y la paz, de todos nosotros depende que los invitados a esa coronación quimérica no vayan a su fiesta con nuestros mismos terrores de hoy. Con toda modestia, pero también con toda la determinación del espíritu, propongo que hagamos ahora y aquí el compromiso de concebir y fabricar un arca de la memoria capaz de sobrevivir al diluvio atómico. Una botella de náufragos siderales arrojada a los océanos del tiempo para que la nueva humanidad de entonces sepa por nosotros lo que no han de contarle las cucarachas: que aquí existió la vida, que en ella prevaleció el sufrimiento y predominó la injusticia, pero que también conocimos el amor y hasta fuimos capaces de imaginarnos la felicidad. Y que sepa y haga saber para todos los tiempos quiénes fueron los culpables de nuestro desastre y cuán sordos se hicieron ante nuestros clamores de paz para que ésta fuera la mejor de las vidas posibles, y con qué inventos tan bárbaros y por qué intereses tan mezquinos la borraron del universo.

Una idea indestructible

La Habana, Cuba, 4 de diciembre de 1986

Todo empezó con esas dos torres de alta tensión que están a la entrada de esta casa. Dos torres horribles, como dos jirafas de concreto bárbaro, que un funcionario sin corazón ordenó plantar dentro del jardín frontal sin prevenir siquiera a sus dueños legítimos, y las cuales sostienen sobre nuestras cabezas, aun en este mismo momento, una corriente de alta tensión de ciento diez millones de vatios, bastantes para mantener encendidos un millón de receptores de televisión o sustentar veintitrés mil proyectores de cine de treinta y cinco milímetros. Alarmado con la noticia, el presidente Fidel Castro estuvo aquí hace unos seis meses, tratando de ver si había alguna forma de enderezar el entuerto, y fue así como descubrimos que la casa era buena para albergar los sueños de la Fundación del Nuevo Cine Latinoamericano.

Las torres siguen ahí, por supuesto, cada vez más abominables a medida que se ha ido embelleciendo la casa. Hemos tratado de enmascararlas con palmeras reales, con ramazones floridas, pero su fealdad es tan evidente que se impone a todo artificio. Lo único que se nos ocurre, como recurso último para convertir en victoria nuestra derrota, es rogarles a ustedes que no las vean como lo que son, sino como una escultura irremediable.

Sólo después de adoptarla como sede de la Fundación del Nuevo Cine Latinoamericano supimos que la historia de esta casa no empezaba ni terminaba con estas torres, y que mucho de lo que se cuenta de ella no es verdad ni es mentira. Es cine. Pues, como ya ustedes deben haberlo vislumbrado, fue aquí donde Tomás Gutiérrez Alea filmó *Los sobrevivientes*, una película que, a ocho años de su realización y a veintisiete del triunfo de la Revolución Cubana, no es una verdad más en la historia de la imaginación ni una mentira menos de la historia de Cuba, sino parte de esta tercera realidad entre la vida real y la invención pura que es la realidad del cine.

De modo que pocas casas como ésta podrían ser tan propicias para emprender desde ella nuestro objetivo final, que es nada menos que el de lograr la integración del cine latinoamericano. Así de simple, y así de desmesurado. Y nadie podría condenarnos por la simpleza sino más bien por la desmesura de nuestros pasos iniciales en este primer año de vida, que por casualidad se cumple hoy, día de santa Bárbara, que también por artes de santidad o de santería es el nombre original de esta casa.

La semana entrante la Fundación del Nuevo Cine Latinoamericano va a recibir del Estado cubano una donación que nunca nos cansaremos de agradecer, tanto por su generosidad sin precedentes y su oportunidad como por la consagración personal que ha puesto en ella el cineasta menos conocido del mundo: Fidel Castro. Me refiero a la Escuela Internacional de Cine y Televisión, en San Antonio de los Baños, preparada para formar profesionales de América Latina, Asia y África, con los mejores recursos de la técnica actual. La construcción de la sede está terminada a sólo ocho meses de su iniciación. Los maestros de distintos países del mundo están nombrados, los estudiantes están escogidos, y la mayoría de ellos están aquí ya con nosotros. Fernando Birri, el director de la escuela, que no se distingue por su sentido de la irrealidad, la definió hace poco ante el presidente argentino Raúl Alfonsín —sin que le temblara un músculo de su cara de santo— como «la mejor escuela de cine y televisión de toda la historia del mundo».

Ésta será, por su naturaleza misma, la más importante y ambiciosa de nuestras iniciativas, pero no será la única, pues la formación de profesionales sin trabajo sería un modo demasiado caro de fomentar el desempleo. De modo que en este primer año hemos empezado a echar las bases para una vasta empresa de promoción del enriquecimiento del ámbito creativo del cine y la televisión de América Latina, cuyos pasos iniciales son los siguientes:

Hemos coordinado con productores privados la producción de dos largometrajes de ficción y tres documentales largos, todos dirigidos por realizadores latinoamericanos, y un paquete de cinco cuentos de una hora cada uno, para televisión, realizado por cinco directores de cine o televisión de distintos países de América Latina.

Estamos haciendo en estos días las convocatorias para ayudar a cineastas jóvenes de América Latina que no hayan podido realizar o terminar sus proyectos de cine o televisión.

Tenemos adelantadas las gestiones para la adquisición de una sala de cine en cada país de América Latina, y tal vez en algunas capitales de Europa, destinadas a la exhibición permanente y el estudio del cine latinoamericano de todos los tiempos.

Estamos promoviendo en cada país de América Latina un concurso anual de cine de aficionados, a través de las secciones respectivas de la fundación, como un método de captación precoz de vocaciones y como un medio de la Escuela Internacional de Cine y Televisión para seleccionar a sus alumnos en el futuro.

Estamos patrocinando una investigación científica sobre la situación del cine y la televisión en América Latina, la creación de un banco de información audiovisual sobre el cine latinoamericano, y la primera filmoteca del cine independiente del Tercer Mundo.

Estamos patrocinando la elaboración de una historia integral del cine latinoamericano y de un diccionario para la unificación del vocabulario cinematográfico y de televisión en lengua castellana.

La sección mexicana de la fundación ha iniciado ya la publicación que recoge, país por país, los principales artículos y documentos del Nuevo Cine Latinoamericano.

En el marco de este Festival de Cine de La Habana, nos proponemos hacer un llamado a los gobiernos de América Latina y a sus organismos de cine para que intenten una reflexión creativa sobre algunos puntos de sus leyes de protección a los cines nacionales que en muchos casos sirven más para estorbar que para proteger y que en términos generales van en sentido contrario al de la integración del cine latinoamericano.

Entre 1952 y 1955, cuatro de los que hoy estamos a bordo de este barco estudiábamos en el Centro Experimental de Cinematografía de Roma: Julio García Espinosa, viceministro de Cultura para el Cine; Fernando Birri, sumo pontífice del Nuevo Cine Latinoamericano; Tomás Gutiérrez Alea, uno de sus orfebres más notables, y yo, que entonces no quería nada más en esta vida que ser el director de cine que nunca fui. Ya desde entonces hablábamos, casi tanto como hoy, del cine que había que hacer en América Latina y de cómo había que hacerlo, y nuestros pensamientos estaban inspirados en el neorrealismo italiano, que es —como tendría que ser el nuestro— el cine con menos recursos y el más humano que se ha hecho jamás. Pero sobre todo, ya desde entonces teníamos conciencia de que el cine de América Latina, si en realidad quería ser, sólo podía ser uno. El hecho de que esta tarde sigamos aquí, hablando de lo mismo como loquitos con el mismo tema después de treinta años, y que estén con nosotros hablando de lo mismo tantos latinoamericanos de todas partes y de generaciones distintas, quisiera señalarlo como una prueba más del poder impositivo de una idea indestructible.

Por aquellos días de Roma viví mi única aventura en un equipo de dirección de cine. Fui escogido en la escuela como tercer asistente del director Alexandro Blasetti en la película *Lástima que sea una canalla*, y esto me causó una gran alegría, no tanto por mi progreso personal como por la ocasión de conocer a la primera actriz de la película, Sofia Loren. Pero nunca la vi, porque mi trabajo consistió, durante un mes, en sostener una cuerda en la esquina para que no pasaran los curiosos. Es con este título de buen servicio, y no con los muchos y rimbombantes que tengo por mi oficio de novelista, como ahora me atrevo a ser tan presidente en esta casa como nunca lo he sido en la mía, y a hablar en nombre de tantas y tan meritorias gentes de cine.

Ésta es la casa de ustedes, la casa de todos, a la cual lo único que le falta para ser completa es un letrero que se vea en todo el mundo, y que diga con letras urgentes: «Se aceptan donaciones». Adelante.

Prefacio para un nuevo milenio

Caracas, Venezuela, 4 de marzo de 1990

Esta exposición temeraria se inaugura en un momento histórico en que la humanidad empieza a ser distinta. Cuando Milagros Maldonado la concibió, hace unos tres años, el mundo estaba todavía en las penumbras del siglo XX, uno de los más funestos de este milenio moribundo. El pensamiento era cautivo de dogmas irreconciliables e ideologías utilitarias sembradas en el papel y no en el corazón de la gente, y cuyo signo mayor era la ficción conformista de que estábamos en la plenitud de la aventura humana. De pronto, un ventarrón de no se sabe dónde empezó a resquebrajar ese coloso con pies de barro y nos hizo entender que veníamos por el camino errado desde quién sabe cuándo. Pero al contrario de lo que podría parecer, éstos no son los preludios de un desquiciamiento, sino todo lo contrario: el largo amanecer de un mundo presidido por la liberación total del pensamiento, para que nadie sea gobernado por nadie más que por su propia cabeza.

Tal vez nuestros antepasados precolombinos vivieron una experiencia similar a ésta en 1492, cuando una partida de navegantes europeos se encontró en estas tierras atravesadas en el camino de las Indias. Nuestros remotos abuelos no conocían la pólvora ni la brújula, pero sabían hablar con los pájaros y averiguar el futuro en los lebrillos, y tal vez sospecharon, mirando las estrellas en las noches inmensas de su época, que la Tierra era redonda como una naranja, pues ignoraban grandes secretos de la sabiduría de hoy, pero ya eran maestros de la imaginación.

Fue así como se defendieron de los invasores con la leyenda vivencial de El Dorado, un imperio fantástico cuyo rey se sumergía en la laguna sagrada con el cuerpo cubierto con polvo de oro. Los invasores les preguntaban dónde estaba y ellos señalaban el rumbo con los cinco dedos extendidos. «Por aquí, por allá, más allá», les decían. Los caminos se multiplicaban, se confundían, cambiaban de sentido, siempre más lejos, siempre más allá, siempre un poquito más. Se volvían tan imposibles como fuera posible para que los buscadores enloquecidos por la codicia pasaran de largo y perdieran el rastro sin caminos de regreso. Nadie encontró nunca El Dorado, nadie lo vio, nunca existió, pero su nacimiento puso término a la Edad Media y abrió el camino para una de las grandes edades del mundo. Su solo nombre indicaba el tamaño del cambio: el Renacimiento.

Cinco siglos más tarde la humanidad debió sentir otra vez el estremecimiento de que otra nueva era empezaba cuando Neil Armstrong plantó su huella en la Luna. Estábamos con el alma en un hilo en el verano solar de Pantelaria, una isla desértica al sur de Sicilia, viendo en la televisión aquella bota casi mítica que buscaba a ciegas la superficie lunar. Éramos dos parejas europeas, con sus niños, y dos parejas de América Latina, con los suyos. Al cabo de la espera intensa, la bota extralunar posó su planta en el polvo helado y el locutor recitó la frase que debía estar pensada desde el principio de los siglos: «Por primera vez en la historia de la humanidad, un ser humano ha puesto un pie en la Luna». Todos estábamos levitando ante el pavor de la Historia. Todos, menos los niños latinoamericanos que preguntaron a coro: «¿Pero es la primera vez?». Y abandonaron la sala defraudados: «¡Qué tontería!». Pues para ellos, todo lo que alguna vez hubiera pasado por su imaginación —como El Dorado— tenía un valor de hecho cumplido. La conquista del espacio, tal como la suponían en la cuna, había ocurrido hacía mucho tiempo. Y sólo allí ocurrió.

Así, en el mundo del futuro inminente, nada estará escrito de antemano ni habrá lugar para ninguna ilusión consagrada. Muchas cosas que ayer fueron verdad no lo serán mañana. Quizás la lógica formal quede degradada a un método escolar para que los niños entiendan cómo era la antigua y abolida costumbre de equivocarse, y quizás la tecnología inmensa y compleja de las comunicaciones actuales sea simplificada con la telepatía. Será una especie de primitivismo ilustrado cuyo instrumento esencial ha de ser la imaginación.

Entramos, pues, en la era de la América Latina, primer productor mundial de imaginación creadora, la materia básica más rica y necesaria del mundo nuevo, y del cual estos cien cuadros de cien pintores visionarios pueden ser mucho más que una muestra: la gran premonición de un continente todavía sin descubrir, en el cual la muerte ha de ser derrotada por la felicidad, y habrá más paz para siempre, más tiempo y mejor salud, más comida caliente, más rumbas sabrosas, más de todo lo bueno para todos. En dos palabras: más amor.

Una alianza ecológica de América Latina

Guadalajara, México, 19 de julio de 1991

Señores presidentes, Su Majestad, amigos:

Voy a leer una síntesis de un documento del Grupo de los Cien, del cual formo parte, firmado por numerosos escritores y artistas latinoamericanos, y cuyo texto íntegro les será entregado a ustedes en el curso de esta reunión.

La Tierra está atravesando por la peor crisis ecológica de su historia. Casi la mitad de los bosques tropicales del mundo ha desaparecido. Se pierden entre dieciséis y veinte millones de hectáreas boscosas por año, y cada hora una especie viva se extingue. Para el año 2000, tres cuartas partes de los bosques tropicales de América habrán sido arrasadas y, probablemente, perderemos el cincuenta por ciento de sus especies. Víctimas de este desastre astronómico, no menos de dieciocho comunidades precolombinas de las más importantes de América Latina y el Caribe podrían ser borradas de la historia.

Por otra parte, cada año se vierten millones de toneladas de desechos tóxicos en nuestras aguas, que los países desarrollados han convertido en un inmenso basurero de venenos. El setenta y ocho por ciento de estos desechos proviene de los Estados Unidos. Es decir, lo que costó a la naturaleza millones de años para ser creado, los humanos lo habremos destruido en poco más de cuarenta.

Por fortuna, todavía los latinoamericanos tenemos mucho más que salvar: de los novecientos millones de hectáreas de bosques tropicales en la Tierra, nosotros tenemos un cincuenta y ocho por ciento del cual sólo Brasil tiene el treinta y tres por ciento. Panamá posee tantas plantas como Europa. La reserva peruana de Tambopata es el hábitat de pájaros y mariposas más rico del mundo. Las plantas y los animales de Tepuis, en Venezuela, son verdaderos tesoros naturales. La selva Lacandona es la región tropical húmeda más grande del hemisferio norte. Por el Amazonas no sólo fluye la quinta parte del agua dulce de la Tierra cada día, sino que la Amazonia es el ecosistema más rico y complejo del mundo y su banco genético el más vasto, donde vive la quinta parte de las especies de pájaros del planeta. El corredor de aves migratorias más poblado de América atraviesa la parte oriental de México, cruza América Central y desemboca en la Amazonia. México y Colombia son dos de los cuatro países con mayor diversidad de flora y fauna del mundo. Pero sólo una acción unitaria, enérgica y perseverante de nuestros gobiernos puede preservar estas riquezas de la catástrofe final.

Es con esta conciencia, señores presidentes, como un grupo numeroso y distinguido de gente de las artes y las letras de América Latina viene a proponer ante ustedes la concreción de una alianza ecológica de Latinoamérica, que sin duda será providencial en la empresa nada fácil de salvar el mundo.

No estoy aquí

La Habana, Cuba, 8 de diciembre de 1992

Esta mañana, en un periódico europeo, leí la noticia de que no estoy aquí. No me sorprendió, porque antes oí decir que ya me había llevado los muebles, los libros, los discos y los cuadros del palacio que me regaló Fidel Castro, y que estaba sacando a través de una embajada los originales de una novela terrible contra la Revolución Cubana.

Si ustedes no lo sabían ya lo saben. Ésta es quizás la razón por la cual no puedo estar aquí esta tarde para inaugurar esta sala de cine que, como el cine, y como todos los que tienen que ver con el cine, tal vez no sea más que una ilusión óptica. Pues nos ha costado tantos sustos e incertidumbres esta sala, que hoy —quinientos años, un mes y veintiséis días después de la llegada de Colón— no podemos creer que en realidad sea cierta.

En distintos momentos de esta historia ocurrieron varios milagros, pero hubo uno definitivo:

el impresionante desarrollo científico del país. Fue otra de las grandes ilusiones que se hicieron realidad alrededor de esta casa. Nunca cine alguno ha tenido tan brillantes y generosos vecinos. Cuando esta sala parecía de veras condenada a no existir, ellos tocaron a nuestra puerta, no para pedirnos algo, sino para darnos la mano. Es por ello que la Fundación del Nuevo Cine Latinoamericano, en justa reciprocidad, comparte hoy con la comunidad científica de Cuba el disfrute de esta sala, con la seguridad de que tenemos mucho que decirnos los unos a los otros. Esto no es nuevo: Saint-John Perse, en su espléndido discurso del Premio Nobel, demostró hasta qué punto son comunes las fuentes y los métodos de las ciencias y las artes. Como ustedes ven, para no estar aquí, no es poco lo que he podido decirles. Ojalá que esto me anime a traer de nuevo mis muebles, mis libros, mis cuentos, y que la Ley Torricelli nos hiciera el favor de permitirnos traer de alguna parte otras primeras piedras para muchas obras como ésta.

En honor de Belisario Betancur con motivo de sus setenta años

Santafé de Bogotá, Colombia, 18 de febrero de 1993

Por un error de cálculo en el uso horario, llamé al Palacio Presidencial a las tres de la madrugada. La impertinencia se me hizo más alarmante cuando escuché en el teléfono al presidente de la República en persona. «No te preocupes —me dijo, con su cadencia episcopal—. En este empleo tan complicado ya no queda otra hora para leer poesía.» Pues en esas estaba el presidente Belisario Betancur en aquella madrugada trémula del poder: releyendo los versos matemáticos de don Pedro Salinas, antes de que llegaran los periódicos a amargarle el nuevo día con las fantasías de la vida real.

Hace novecientos años, Guillermo IX, gran duque de Aquitania, se desvelaba también en las noches de la guerra componiendo serventesios libertinos y romances de amor. Enrique XIII —que devastó bibliotecas únicas y le cortó la cabeza a Tomás

Moro— terminó en las antologías del ciclo isabelino. El zar Nicolás I ayudaba a Pushkin a corregir sus poemas para impedir que tropezaran con la censura sangrienta que él mismo había impuesto. La historia no se mostró tan truculenta con Belisario Betancur porque no fue en realidad un gobernante que amaba la poesía sino un poeta a quien el destino le impuso la penitencia del poder. Una vocación dominante, cuya primera trampa le salió al paso a los doce años en el seminario de Yarumal. Así fue: fatigado por la aridez de la *rosa rosae rosarum* Belisario escribió sus primeros versos de una clara inspiración quevediana, antes de leer a Quevedo y en octosílabos maestros antes de leer a González.

Señor, señor, te rogamos,
y rogaremos sin fin,
que caigan rayos de mierda
al profesor de latín.

El primero le cayó a él mismo, con la expulsión inmediata. Y Dios supo bien lo que hizo. De no haber sido así, quién sabe si hoy estuviéramos celebrando los setenta años del primer papa colombiano.

Los jóvenes de ahora no pueden imaginarse hasta qué punto se vivía entonces a la sombra de la poesía. No se decía primero de bachillerato sino primero de literatura y el título que se otorgaba a pesar de la química y la trigonometría era de bachiller en letras.

Para nosotros, los aborígenes de todas las provincias, Bogotá no era la capital del país ni la sede del gobierno, sino la ciudad de lloviznas heladas donde vivían los poetas. No sólo creíamos en la poesía sino que sabíamos con certeza —como lo diría Luis Cardoza y Aragón— que es la única prueba concreta de la existencia del hombre. Colombia entraba en el siglo XX con casi medio siglo de retraso gracias a la poesía. Era una pasión frenética, otra manera de vivir una especie de bola de candela que andaba de su cuenta por todas partes: uno levantaba la alfombra con la escoba para esconder la basura y no era posible porque allí estaba la poesía; se abría el periódico, aun en la sección económica o en la página judicial, y allí estaba; en el asiento de la taza de café, donde quedaba escrito nuestro destino, allí estaba. Hasta en la sopa. Allí la encontró Eduardo Carranza: «Los ojos que se miran a través de los ángeles domésticos del humo de la sopa». Jorge Rojas la encontró en el placer lúdico de una greguería magistral: «Las sirenas no abren las piernas porque se quedaron escamadas». Daniel Arango la encontró en un endecasílabo perfecto, escrito con letras urgentes en la vitrina de un almacén: «realización total de la existencia». Hasta en los orinales públicos donde la escondían los romanos, allí estaba: «Si no le temes a Dios, témele a la sífilis». Con el mismo terror reverencial con que íbamos de niños al zoológico, íbamos al café donde se reunían los poetas al atardecer. El maestro León de Greiffles enseñaba a perder sin rencores al ajedrez, a no darle ni una sola tregua al guayabo y, sobre todo, a no temerle a las palabras. Ésa es la ciudad adonde llegó Belisario Betancur cuando se lanzó a la aventura del mundo, entre el pelotón de antioqueños sin desbravar, con el sombrero de fieltro de grandes alas de murciélago y el sobretodo de clérigo que lo distinguía del resto de los mortales. Llegó para quedarse en el café de los poetas, como Pedro en su casa.

A partir de entonces, la historia no habría de darle un minuto de tregua. Y menos aún, como bien lo sabemos, en la presidencia de la República, que fue tal vez su único acto de infidelidad a la poesía. Ningún otro gobernante de Colombia tuvo que enfrentar al mismo tiempo un terremoto devastador, la erupción de un volcán genocida y dos guerras sangrientas, en un país prometeico que hace más de un siglo está matándose por las ansias de vivir. Creo, sin embargo, que si logró sortearlo todo no fue sólo por su hígado de político, que lo tiene, y muy bien puesto, sino por el poder sobrenatural de los poetas para asumir la adversidad.

Se han necesitado setenta años y la infidencia de una revista juvenil para que Belisario se revelara por fin al desnudo, sin las tantas hojas de parra de tantos colores y tamaños como ha usado en la vida para no asumir sus riesgos de poeta. Es, en el remanso de la tercera edad, una digna y hermosa manera de volver a ser joven. Por eso me pareció tan justo que esta concurrencia de amigos sucediera en una casa de poesía. Y sobre todo en ésta, en cuyas madrugadas se escuchan todavía los pasos sigilosos de José Asunción, desvelado por el rumor de las rosas, y donde hemos vuelto a encontrarnos muchos de los amigos que más queríamos a Belisario, desde antes de que fuera presidente, los que tantas veces lo compadecimos mientras lo fue, y los que seguimos queriéndolo más que nunca ahora que ha logrado el raro paraíso de no serlo ni desearlo.

Mi amigo Mutis

Santafé de Bogotá, Colombia, 25 de agosto de 1993

Álvaro Mutis y yo habíamos hecho el pacto de no hablar en público el uno del otro, ni bien ni mal, como una vacuna contra la viruela de los elogios mutuos. Sin embargo, hace diez años justos y en este mismo sitio, él violó aquel pacto de salubridad social sólo porque no le gustó el peluquero que le recomendé. He esperado desde entonces una ocasión para comerme el plato frío de la venganza, y creo que no habrá otra más propicia que ésta.

Álvaro contó entonces cómo nos había presentado Gonzalo Mallarino en la Cartagena idílica de 1949. Ese encuentro parecía ser en verdad el primero, hasta una tarde de hace tres o cuatro años, cuando le oí decir algo casual sobre Félix Mendelssohn. Fue una revelación que me transportó de golpe a mis años de universitario en la desierta salita de música de la Biblioteca Nacional de Bogotá, donde nos refugiábamos los que no teníamos los cinco centavos para estudiar en el café. Entre los escasos clientes del atardecer yo odiaba a uno de nariz heráldica y cejas de turco, con un cuerpo enorme y unos zapatos minúsculos como los de Buffalo Bill, que entraba sin falta a las cuatro de la tarde y pedía que tocaran el concierto de violín de Mendelssohn. Tuvieron que pasar cuarenta años, hasta aquella tarde en su casa de México, para reconocer de pronto la voz estentórea, los pies de Niño Dios, las temblorosas manos incapaces de pasar una aguja por el ojo de un camello. «Carajo —le dije derrotado—. De modo que eras tú.»

Lo único que lamenté fue no poder cobrarle los resentimientos atrasados, porque ya habíamos digerido tanta música juntos, que no teníamos caminos de regreso. De modo que seguimos de amigos, muy a pesar del abismo insondable que se abre en el centro de su vasta cultura, y que ha de separarnos para siempre: su insensibilidad para el bolero.

Álvaro había sufrido ya los muchos riesgos de sus oficios raros e innumerables. A los dieciocho años, siendo locutor de la Radio Nacional, un marido celoso lo esperó armado en la esquina, porque creía haber detectado mensajes cifrados a su esposa en las presentaciones que él improvisaba en sus programas. En otra ocasión, durante un acto solemne en este mismo Palacio Presidencial, confundió y trastocó los nombres de los dos Lleras mayores. Más tarde, ya como especialista de relaciones públicas, se equivocó de película en una reunión de beneficencia y, en vez de un documental de niños huérfanos, le proyectó a las buenas señoras de la sociedad una comedia pornográfica de monjas y soldados, enmascarada bajo un título inocente: *El cultivo del naranjo.* Fue también jefe de relaciones públicas de una empresa aérea que se acabó cuando se le cayó el último avión. El tiempo de Álvaro se le iba en identificar los cadáveres, para darles la noticia a las familias de las víctimas antes que a los periódicos. Los parientes desprevenidos abrían la puerta creyendo que era la felicidad, y con sólo reconocer la cara caían fulminados con un grito de dolor.

En otro empleo más grato había tenido que sacar de un hotel de Barranquilla el cadáver exquisito del hombre más rico del mundo. Lo bajó en posición vertical por el ascensor de servicio en un ataúd comprado de emergencia en la funeraria de la esquina. Al camarero que le preguntó quién iba dentro, le dijo: «El señor obispo». En un restaurante de México, donde hablaba a gritos, un vecino de mesa trató de agredirlo, creyendo que en realidad era Walter Winchell, el narrador de *Los intocables* que Álvaro doblaba para la televisión. Durante sus veintitrés años de vendedor de películas enlatadas para América Latina, le dio diecisiete veces la vuelta al mundo sin cambiar el modo de ser.

Lo que más aprecié desde siempre es su generosidad de maestro de escuela, con una vocación feroz que nunca pudo ejercer por el maldito vicio del billar. Ningún escritor que yo conozca se ocupa tanto como él de los otros, y en especial de los más jóvenes. Los instiga a la poesía contra la voluntad de sus padres, los pervierte con libros secretos, los hipnotiza con su labia florida y los echa a rodar por el mundo, convencidos de que es posible ser poeta sin morir en el intento.

Nadie se ha beneficiado más que yo de esa escasa virtud. Ya conté alguna vez que fue Álvaro quien me llevó mi primer ejemplar de *Pedro Páramo* y me dijo: «Ahí tiene, para que aprenda». Nunca se imaginó en la que se había metido. Pues con la lectura de Juan Rulfo aprendí no sólo a escribir de otro modo, sino a tener siempre listo un cuento distinto para no contar el que estoy escribiendo. Mi víctima absoluta de ese sistema salvador ha sido Álvaro Mutis desde que escribí *Cien años de soledad*. Casi todas las noches fue a mi casa durante dieciocho meses para que le contara los capítulos terminados, y de ese modo captaba sus reacciones aunque no fuera el mismo cuento. Él los escuchaba con tanto entusiasmo que seguía repitiéndolos por todas partes, corregidos y aumentados por él. Sus amigos me los contaban después tal como Álvaro se los contaba, y muchas veces me apropié de sus aportes. Terminado el primer borrador se lo mandé a su casa. Al día siguiente me llamó indignado:

—Usted me ha hecho quedar como un perro con mis amigos —me gritó—. Esta vaina no tiene nada que ver con lo que me había contado.

Desde entonces ha sido el primer lector de mis originales. Sus juicios son tan crudos, pero también tan razonados, que por lo menos tres cuentos míos murieron en el cajón de la basura porque él tenía razón contra ellos. Yo mismo no podría decir qué tanto hay de él en casi todos mis libros, pero hay mucho.

Me preguntaban a menudo cómo es que esta amistad ha podido prosperar en estos tiempos tan ruines. La respuesta es simple: Álvaro y yo nos vemos muy poco, y sólo para ser amigos. Aunque hemos vivido en México más de treinta años, y somos casi vecinos, es allí donde menos nos vemos. Cuando quiero verlo, o él quiere verme, nos llamamos antes por teléfono para estar seguros de que queremos vernos. Sólo una vez violé esta regla de amistad elemental, y Álvaro me dio entonces una prueba máxima de la clase de amigo que es capaz de ser.

Fue así: ahogado de tequila, con un amigo muy querido, toqué a las cuatro de la madrugada en el apartamento donde Álvaro sobrellevaba su triste vida de soltero y a la orden. Sin explicación alguna, ante su mirada todavía embobecida por el sueño, descolgamos un precioso óleo de Botero, de un metro y veinte por un metro, nos lo llevamos sin explicaciones e hicimos con él lo que nos dio la gana. Álvaro no me ha dicho nunca una palabra sobre el asalto, ni movió un dedo para saber del cuadro, y yo he tenido que esperar hasta esta noche de sus primeros setenta años para expresarle mi remordimiento.

Otro buen sustento de esta amistad es que la mayoría de las veces en que hemos estado juntos, ha sido viajando. Esto nos ha permitido ocuparnos de otros y de otras cosas la mayor parte del tiempo, y sólo ocuparnos el uno del otro cuando en realidad valía la pena. Para mí, las horas interminables de carreteras europeas han sido la universidad de artes y letras donde nunca estuve. De Barcelona a Aix-en-Provence aprendí más de trescientos kilómetros sobre los cátaros y los papas de Aviñón. Así en Alejandría como en Florencia, en Nápoles como en Beirut, en Egipto como en París.

Sin embargo, la enseñanza más enigmática de aquellos viajes frenéticos fue a través de la campiña belga, enrarecida por la bruma de octubre y el olor a caca humana de los barbechos recién abandonados. Álvaro había manejado durante más de tres horas, aunque nadie lo crea, en absoluto silencio. De pronto dijo: «País de grandes ciclistas y cazadores». Nunca nos explicó qué quiso decir, pero nos confesó que él lleva dentro un bobo gigantesco, peludo y babeante, que en sus momentos de descuido suelta frases como aquélla, aun en las visitas más propias y hasta en los palacios presidenciales, y tiene que mantenerlo a raya mientras escribe, porque se vuelve loco y se sacude y patalea por las ansias de corregirle los libros.

Con todo, los mejores recuerdos de esa escuela errante no han sido las clases, sino los recreos. En París, esperando que las señoras acabaran de comprar, Álvaro se sentó en las gradas de una cafetería de moda, torció la cabeza hacia el cielo, puso los ojos en blanco y extendió su trémula mano de mendigo. Un caballero impecable le dijo con la típica acidez francesa: «Es un descaro pedir limosna con semejante suéter de cachemir». Pero le dio un franco. En menos de quince minutos recogió cuarenta.

En Roma, en casa de Francesco Rosi, hipnotizó a Fellini, a Mónica Vitti, a Alida Valli, a Alberto Moravia, a la flor y nata del cine y las letras italianas, y los mantuvo en vilo durante horas, contándoles sus historias truculentas del Quindío en un italiano inventado por él, y sin una sola palabra de italiano. En un bar de Barcelona recitó un poema con la voz y el desaliento de Pablo Neruda, y alguien que había escuchado a Neruda en persona le pidió un autógrafo creyendo que era él.

Un verso suyo me había inquietado desde que lo leí: «Ahora que sé que nunca conoceré Estambul». Un verso extraño en un monárquico insalvable, que nunca había dicho Estambul sino Bizancio, como no decía Leningrado sino San Petersburgo mucho antes de que la historia le diera la razón. No sé por qué tuve el presagio de que debíamos exorcizar aquel verso conociendo Estambul. De modo que lo convencí de que nos fuéramos en un barco lento, como debe ser cuando uno desafía al destino. Sin embargo, no tuve un instante de sosiego durante los tres días que estuvimos allí, asustado por el poder premonitorio de la poesía. Sólo hoy, cuando Álvaro es un anciano de setenta años y yo un niño de sesenta y seis, me atrevo a decir que no lo hice por derrotar un verso, sino por contrariar a la muerte.

De todos modos, la única vez en que de veras me he creído a punto de morir, también estaba con Álvaro. Rodábamos a través de la Provenza luminosa, cuando un conductor demente se nos vino encima en sentido contrario. No me quedó otro recurso que dar un golpe de volante a la derecha sin tiempo para mirar a dónde íbamos a caer. Por un instante sentí la sensación fenomenal de que el volante no me obedecía en el vacío. Carmen y Mercedes, siempre en el asiento posterior, permanecieron sin aliento hasta que el automóvil se acostó como un niño en la cuneta de un viñedo primaveral. Lo único que recuerdo de aquel instante es la cara de Álvaro en el asiento de al lado, que me miraba un segundo antes de morir con un gesto de conmiseración que parecía decir: «¡Pero qué está haciendo este pendejo!».

Estos exabruptos de Álvaro nos sorprenden menos a quienes conocimos y padecimos a su madre, Carolina Jaramillo, una mujer hermosa y alucinada que no volvió a mirarse en un espejo desde los veinte años porque empezó a verse distinta de como se sentía. Siendo ya una abuela avanzada andaba en bicicleta y vestida de cazador, poniendo inyecciones gratis en las fincas de la sabana. En Nueva York le pedí una noche que se quedara cuidando a mi hijo de catorce meses mientras íbamos al cine. Ella nos advirtió con toda seriedad que tuviéramos cuidado, porque en Manizales había hecho el mismo favor con un niño que no paraba de llorar, y tuvo que callarlo con un dulce de moras envenenadas. A pesar de eso se lo encomendamos otro día en los almacenes Macy's, y cuando regresamos la encontramos sola. Mientras los servicios de seguridad buscaban al niño, ella trató de consolarnos con la misma serenidad tenebrosa de su hijo: «No se preocupen. También Alvarito se me perdió en Bruselas cuando tenía siete años, y ahora vean lo bien que le va». Por supuesto que le iba bien, si era una versión culta y magnificada de ella, y conocido en medio planeta, no tanto por su poesía como por ser el hombre más simpático del mundo. Por dondequiera que pasaba iba dejando el rastro inolvidable de sus exageraciones frenéticas, de sus comilonas suicidas, de sus exabruptos geniales. Sólo quienes lo conocemos y lo queremos más sabemos que no son más que aspavientos para asustar a sus fantasmas.

Nadie puede imaginarse cuál es el altísimo precio que paga Álvaro Mutis por la desgracia de ser tan simpático. Lo he visto tendido en un sofá, en la penumbra de su estudio, con un guayabo de conciencia que no le envidiaría a ninguno de sus felices auditores de la noche anterior. Por fortuna, esa soledad incurable es la otra madre a la que debe su inmensa sabiduría, su descomunal capacidad de lectura, su curiosidad infinita, y la hermosura quimérica y la desolación interminable de su poesía.

Lo he visto escondido del mundo en las sinfonías paquidérmicas de Bruckner como si fueran divertimentos de Scarlatti. Lo he visto en un rincón apartado de un jardín de Cuernavaca, durante unas largas vacaciones, fugitivo de la realidad por el bosque encantado de las obras completas de Balzac. Cada cierto tiempo, como quien va a ver una película de vaqueros, relee de una tirada *En busca del tiempo perdido*. Pues una buena condición para que lea un libro es que no tenga menos de mil doscientas páginas. En la cárcel de México, donde estuvo por un delito del que disfrutamos muchos escritores y artistas, y que sólo él pagó, permaneció los dieciséis meses que él considera los más felices de su vida.

Siempre pensé que la lentitud de su creación era causada por sus oficios tiránicos. Pensé además que estaba agravada por el desastre de su caligrafía, que parece hecha con pluma de ganso, y por el ganso mismo, y cuyos trazos de vampiro harían aullar de pavor a los mastines en la niebla de Transilvania. Él me dijo cuando se lo dije, hace muchos años, que tan pronto como se jubilara de sus galeras iba a ponerse al día con sus libros. Que haya sido así, y que haya saltado sin paracaídas de sus aviones eternos a la tierra firme de una gloria abundante y merecida, es uno de los grandes milagros de nuestras letras: ocho libros en seis años.

Basta leer una sola página de cualquiera de ellos para entenderlo todo: la obra completa de Álvaro Mutis, su vida misma, son las de un vidente que sabe a ciencia cierta que nunca volveremos a encontrar el paraíso perdido. Es decir: Maqroll no es sólo él, como con tanta facilidad se dice. Maqroll somos todos.

Quedémonos con esta azarosa conclusión quienes hemos venido esta noche a cumplir con Álvaro estos setenta años de todos. Por primera vez sin falsos pudores, sin mentadas de madre por miedo de llorar, y sólo para decirle con todo el corazón cuánto lo admiramos, carajo, y cuánto lo queremos.

El argentino que se hizo querer de todos

Ciudad de México, 12 de febrero de 1994

Fui a Praga por última vez en el histórico año de 1986, con Carlos Fuentes y Julio Cortázar. Viajábamos en tren desde París porque los tres éramos solidarios en nuestro miedo al avión, y habíamos hablado de todo mientras atravesábamos la noche dividida de las Alemanias, sus océanos de remolacha, sus inmensas fábricas de todo, sus estragos de guerras atroces y amores desaforados.

A la hora de dormir, a Carlos Fuentes se le ocurrió preguntarle a Cortázar cómo y en qué momento y por iniciativa de quién se había introducido el piano en la orquesta de jazz. La pregunta era casual y no pretendía conocer nada más que una fecha y un nombre, pero la respuesta fue una cátedra deslumbrante que se prolongó hasta el amanecer, entre enormes vasos de cerveza y salchichas con papas heladas. Cortázar, que sabía medir muy bien sus palabras, nos hizo una recomposición histórica y estética con una versación y una sencillez apenas creíbles, que culminó con las primeras luces en una apología homérica de Thelonious Monk. No sólo hablaba con una profunda voz de órgano de erres arrastradas, sino también con sus manos de huesos grandes como no recuerdo otras más expresivas. Ni Carlos Fuentes ni yo olvidaríamos jamás el asombro de aquella noche irrepetible.

Doce años después vi a Julio Cortázar enfrentado a una muchedumbre en un parque de Managua, sin más armas que su voz hermosa y un cuento suyo de los más difíciles: la historia de un boxeador en desgracia contada por él mismo en lunfardo, el dialecto de los bajos fondos de Buenos Aires, cuya comprensión nos estaría vedada por completo al resto de los mortales si no la hubiéramos vislumbrado a través de tanto malevo; sin embargo, fue ése el cuento que el propio Cortázar escogía para leerlo en una tarima frente a la muchedumbre de un vasto jardín iluminado, entre la cual había de todo, desde poetas consagrados y albañiles cesantes, hasta comandantes de la revolución y sus contrarios. Fue otra experiencia deslumbrante. Aunque en rigor no era fácil seguir el sentido del relato, aun para los más entrenados en la jerga lunfarda, uno sentía y le dolían los golpes que recibía el pobre boxeador en la soledad del cuadrilátero, y daban ganas de llorar por sus ilusiones y su miseria, pues Cortázar había logrado una comunicación tan entrañable con su auditorio que ya no le importaba a nadie lo que querían decir o no decir las palabras, sino que la muchedumbre sentada en la hierba parecía levitar en estado de gracia por el hechizo de una voz que no parecía de este mundo.

Estos dos recuerdos de Cortázar que tanto me afectaron me parecen también los que mejor lo definían. Eran los dos extremos de su personalidad. En privado, como en el tren de Praga, lograba seducir por su elocuencia, por su erudición viva, por su memoria milimétrica, por su humor peligroso, por todo lo que hizo de él un intelectual de los grandes en el buen sentido de otros tiempos. En público, a pesar de su reticencia a convertirse en un espectáculo, fascinaba al auditorio con una presencia ineludible que tenía algo de sobrenatural, al mismo tiempo tierna y extraña. En ambos casos fue el ser humano más impresionante que he tenido la suerte de conocer.

Años después, cuando ya éramos amigos, creí volver a verlo como lo vi aquel día, pues me parece que se recreó a sí mismo en uno de sus cuentos mejor acabados, «El otro cielo», en el personaje de un latinoamericano en París que asistía de puro curioso a las ejecuciones en la guillotina. Como si lo hubiera hecho frente a un espejo, Cortázar lo describió así: «Tenía una expresión distante y a la vez curiosamente fija, la cara de alguien que se ha inmovilizado en un momento de su sueño y rehúsa dar el paso que lo devolverá a la vigilia». Su personaje andaba envuelto en una hopalanda negra y larga, como el abrigo del propio Cortázar cuando lo vi por primera vez, pero el narrador del cuento no se atrevía a acercársele para preguntarle su origen, por temor a la fría cólera con que él mismo hubiera recibido una interpelación semejante. Lo raro es que yo tampoco me había atrevido a acercarme a Cortázar aquella tarde del Old Navy, y por el mismo temor. Lo vi escribir durante más de una hora, sin una pausa para pensar, sin tomar nada más que medio vaso de agua mineral, hasta que empezó a oscurecer en la calle y guardó la pluma en el bolsillo y salió con el cuaderno debajo del brazo como el escolar más alto y flaco del mundo. En las muchas veces que nos vimos años después, lo único que había cambiado en él era la barba densa y oscura, pues hasta dos semanas antes de su muerte parecía cierta la leyenda de que era inmortal, porque nunca había dejado de crecer y se mantuvo siempre en la misma edad con que había nacido. Nunca me atreví a preguntarle si era verdad, como tampoco le conté que el otoño triste de 1956 lo había visto, sin atreverme a decirle nada, en su rincón del Old Navy, y sé que dondequiera que esté ahora estará mentándome la madre por mi timidez. Los ídolos infunden respeto, admiración, cariño y, por supuesto, grandes envidias. Cortázar inspiraba todos esos sentimientos como muy pocos escritores, pero inspiraba además otro menos frecuente: la devoción. Fue, tal vez sin proponérselo, el argentino que se hizo querer de todo el mundo. Sin embargo, me atrevo a pensar que si los muertos se mueren, Cortázar debe estar muriéndose otra vez de vergüenza por la consternación mundial que causó su muerte. Nadie le temía más que él, ni en la vida real ni en los libros, a los honores póstumos y a los fastos funerarios. Más aún: siempre pensé que la muerte misma le parecía indecente. En alguna parte de *La vuelta al día en ochenta mundos* un grupo de amigos no puede soportar la risa ante la evidencia de que un amigo común ha incurrido en la ridiculez de morirse. Por eso, porque lo conocí y lo quise tanto, me resistí a participar en lamentos y elegías por Julio Cortázar.

Preferí seguir pensando en él como sin duda él lo quería, con el júbilo inmenso de que haya existido, con la alegría entrañable de haberlo conocido, y la gratitud de que nos haya dejado para el mundo una obra tal vez inconclusa pero tan bella e indestructible como su recuerdo.

América Latina existe

Contadora, Panamá, 28 de marzo de 1995

Esperé hasta el último turno para hablar, porque ayer al desayuno no sabía nada de lo que aprendí en el resto del día. Soy un conversador empedernido y estos torneos son monólogos implacables en los que está vedado el placer de las interpelaciones y las réplicas. Uno toma notas, pide la palabra, espera, y cuando le llega el turno ya los otros han dicho lo que uno iba a decir. Mi compatriota Augusto Ramírez me había dicho en el avión que es fácil saber cuándo alguien se ha vuelto viejo porque todo lo que dice lo ilustra con una anécdota. Si es así, le dije, yo nací ya viejo, y todos mis libros son seniles. Una prueba de eso lo son estas notas.

La primera sorpresa nos la dio el presidente Lacalle con la revelación de que el nombre de América Latina no es francés. Siempre creí que sí lo era, pero por más que lo pienso no he logrado recordar de dónde lo aprendí y, en todo caso, no podría probarlo.

Bolívar no lo usó. Él decía América, sin adjetivos, antes de que los norteamericanos se apoderaran del nombre para ellos solos. Pero, en cambio, comprimió Bolívar en cinco palabras el caos de nuestra identidad para definirnos en la Carta de Jamaica: somos un pequeño género humano. Es decir, incluyó todo lo que se queda por fuera en las otras definiciones: los orígenes múltiples, las lenguas indígenas nuestras y las lenguas indígenas europeas: el español, el portugués, el inglés, el francés, el holandés.

Por los años cuarenta se despertaron en Ámsterdam con la noticia disparatada de que Holanda estaba participando en un torneo mundial de béisbol —que es un deporte ajeno a los holandeses— y era que Curazao estaba a punto de ganar el campeonato mundial de Centroamérica y el Caribe. A propósito del Caribe, creo que su área está mal determinada, porque en realidad no debería ser geográfica sino cultural. Debería empezar en el sur de los Estados Unidos y extenderse hasta el norte de Brasil. La América Central, que suponemos del Pacífico, no tiene mucho de él y su cultura es del Caribe. Este reclamo legítimo tendría por lo menos la ventaja de que Faulkner y todos los grandes escritores del sur de los Estados Unidos entrarían a formar parte de la congregación del realismo mágico. También por los años cuarenta, Giovanni Papini declaró que América Latina no había aportado nada a la humanidad, ni siquiera un santo, como si le pareciera poca cosa. Se equivocó, pues ya teníamos a santa Rosa de Lima, pero no la contó, quizás por ser mujer. Su afirmación ilustraba muy bien la idea que siempre han tenido de nosotros los europeos: todo lo que no se parece a ellos les parece un error y hacen todo por corregirlo a su manera, como los Estados Unidos. Simón Bolívar, desesperado con tantos consejos e imposiciones, dijo: «Déjennos hacer tranquilos nuestra Edad Media».

Nadie padeció como él la presión de una Europa que ya era vieja en relación con el sistema que debía escoger, monarquía o república. Mucho se ha escrito sobre sus sueños de ceñir una corona. La verdad es que entonces, aun después de las revoluciones norteamericana y francesa, la monarquía no era algo tan anacrónico como nos parece a los republicanos de hoy. Bolívar lo entendió así y creía que el sistema no importaba si había de servir para el sueño de una América independiente y unida. Es decir, como él decía, el estado más grande, rico y poderoso del mundo. Ya éramos víctimas de la guerra entre los dogmas que aún nos atormentan, como nos lo recordó ayer Sergio Ramírez: caen unos y surgen otros, aunque sólo sean una coartada, como las elecciones en las democracias.

Un buen ejemplo es Colombia. Basta con que haya elecciones puntuales para legitimar la democracia, pues lo que importa es el rito, sin preocuparse mucho de sus vicios: el clientelismo, la corrupción, el fraude, el comercio de votos. Jaime Bateman, el comandante del M-19, decía: «Un senador no se elige con sesenta mil votos sino con sesenta mil pesos. Hace poco, en Cartagena, me gritó en la calle una vendedora de frutas: "¡Me debes seis mil pesos!". La explicación es que había votado por equivocación por un candidato con un nombre que confundió con el mío, y luego se dio cuenta. ¿Qué podía hacer yo? Le pagué sus seis mil pesos».

El destino de la idea bolivariana de la integración parece cada vez más sembrado de dudas, salvo en las artes y las letras, que avanzan en la integración cultural por su cuenta y riesgo. Nuestro querido Federico Mayor hace bien en preocuparse por el silencio de los intelectuales, pero no por el silencio de los artistas, que al fin y al cabo no son intelectuales sino sentimentales. Se expresan a gritos desde el Río Bravo hasta la Patagonia, en nuestra música, en nuestra pintura, en el teatro y en los bailes, en las novelas y en las telenovelas. Félix B. Cagnet, el padre de las radionovelas, dijo: «Yo parto de la base de que la gente quiere llorar, lo único que hago es darles el pretexto». Son las formas de la expresión popular las más sencillas y ricas del polilingüismo continental. Cuando la integración política y económica se cumplan, y así será, la integración cultural será un hecho irreversible desde tiempo atrás. Inclusive en los Estados Unidos, que se gastan enormes fortunas en penetración cultural, mientras que nosotros, sin gastar un centavo, les estamos cambiando el idioma, la comida, la música, la educación, las formas de vivir, el amor. Es decir, lo más importante de la vida: la cultura.

Una de las grandes alegrías que me llevo de estas dos jornadas sin recreos fue el primer encuentro con mi buen vecino, el ministro Francisco Weffort, que empezó por sorprendernos con su castellano impecable. En cambio, me pregunto si alrededor de esta mesa hay más de dos que hablen el portugués. Bien dijo el presidente De la Madrid que nuestro castellano no se molesta por saltar el Mato Grosso mientras los brasileños, en un esfuerzo nacional por entenderse con nosotros, están creando el portuñol, que quizás será la lengua franca de la América integrada. Pacho Weffort, como le diríamos en Colombia; Pancho, como le diríamos en México, o Paco, como le dirían en cualquiera de las tabernas de España, defiende con razones de peso pesado el Ministerio de la Cultura. Yo me opongo sin éxito, y tal vez por fortuna, a que se instaure en Colombia. Mi argumento principal es que contribuirá a la oficialización y la burocratización de la cultura.

Pero no hay que simplificar. Lo que rechazo es la estructura ministerial, víctima fácil del clientelismo y la manipulación política. Propongo en su lugar un Consejo Nacional de Cultura que no sea gubernamental sino estatal, responsable ante la presidencia de la República y no ante el Congreso, y a salvo de las frecuentes crisis ministeriales, las intrigas palaciegas, las magias negras del presupuesto. Gracias al excelente español de Pacho, y a pesar de mi portuñol vergonzante, terminamos de acuerdo en que no importa cómo sea, siempre que el Estado asuma la grave responsabilidad de preservar y ensanchar los ámbitos de la cultura.

El presidente De la Madrid nos hizo el gran favor de tocar el drama del narcotráfico. Para él los Estados Unidos abastecen a diario entre veinte y treinta millones de drogadictos sin el menor tropiezo, casi a domicilio, como si fuera la leche, el periódico o el pan. Esto sólo es posible con unas mafias más fuertes que las colombianas y una corrupción mayor de las autoridades que en Colombia. El problema del narcotráfico, por supuesto, nos toca a los colombianos muy profundamente. Ya casi somos los únicos culpables del narcotráfico, somos los únicos culpables de que los Estados Unidos tengan ese gran mercado de consumo, por desgracia del cual es tan próspera la industria del narcotráfico en Colombia. Mi impresión es que el tráfico de drogas es un problema que se le salió de las manos a la humanidad. Eso no quiere decir que debemos ser pesimistas y declararnos en derrota, sino que hay que seguir combatiendo el problema a partir de ese punto de vista y no a partir de la fumigación.

Hace poco estuve con un grupo de periodistas norteamericanos en una pequeña meseta que no podía tener más de tres o cuatro hectáreas sembradas de amapolas. Nos hicieron la demostración: fumigación desde helicópteros, fumigación desde aviones. Al tercer paso de helicópteros y aviones, calculamos que aquéllos podían costar ya más de lo que costaba la parcela. Es descorazonador saber que de ninguna manera se combatirá así el narcotráfico. Yo les dije a algunos periodistas norteamericanos que iban con nosotros que esa fumigación debía empezar por la isla de Manhattan y por la alcaldía de Washington. Les reproché también que ellos y el mundo saben cómo es el problema de la droga en Colombia —cómo se siembra, cómo se procesa, cómo se exporta— porque los periodistas colombianos lo hemos investigado, lo hemos publicado, lo hemos divulgado en el mundo. Inclusive, muchos lo han pagado con su vida. En cambio, ningún periodista norteamericano se ha tomado el trabajo de decirnos cómo es el ingreso de la droga hasta los Estados Unidos, y cómo es su distribución y su comercialización interna.

Creo que todos terminamos de acuerdo con la conclusión del ex presidente Lacalle de que la redención de estas Américas está en la educación. A la misma habíamos llegado en el Foro de Reflexión de la UNESCO el año pasado, donde acabó de diseñarse la hermosa idea de la «Universidad a distancia». Allí me correspondió sustentar una vez más la idea de la captación precoz de las aptitudes y las vocaciones que tanta falta le hacen al mundo. El fundamento es que si a un niño se le pone frente a un grupo de juguetes diversos, terminará por quedarse con uno solo, y el deber del Estado sería crear las condiciones para que ese juguete le durara a ese niño. Soy un convencido de que ésa es la fórmula secreta de la felicidad y la longevidad. Que cada quien pueda vivir y hacer sólo lo que le gusta, desde la cuna hasta la tumba. Al mismo tiempo, todos estamos de acuerdo, al parecer, en que debemos estar alerta contra la tendencia del Estado a desentenderse de la educación y encomendarla a los particulares. El argumento en contra es demoledor: la educación privada, buena o mala, es la forma más efectiva de la discriminación social.

Un buen final para una carrera de relevos de cuatro horas, que puede servirnos para disipar las dudas de si en realidad la América Latina existe, que el ex presidente Lacalle y Augusto Ramírez nos lanzaron desde el principio sobre esta mesa como una granada de fragmentación. Pues bien, a juzgar por lo que se ha dicho aquí en estos dos días, no hay la menor duda de que existe. Tal vez su destino edípico sea seguir buscando para siempre su identidad, lo cual será un sino creativo que nos haría distintos ante el mundo. Maltrecha y dispersa, y todavía sin terminar, y siempre en busca de una ética de la vida, la América Latina existe. ¿La prueba? En estos dos días la hemos tenido: pensamos, luego existimos.

Una naturaleza distinta en un mundo distinto al nuestro

Santafé de Bogotá, Colombia, 12 de abril de 1996

La primera vez que oí hablar de los militares fue a una edad muy temprana, cuando mi abuelo me hizo un relato escalofriante de lo que entonces se llamó la matanza de las bananeras. Es decir: la represión a bala de una manifestación de obreros colombianos de la United Fruit Company, arrinconada en la estación del ferrocarril de Ciénaga. Mi abuelo, platero de oficio y liberal de hueso colorado, había merecido su grado de coronel en la Guerra de los Mil Días, en las filas del general Rafael Uribe Uribe, y por esos méritos había asistido a la firma del tratado de Neerlandia, que puso término a medio siglo de guerras civiles formales. Frente a él, al otro lado de la mesa, estaba el mayor de sus hijos, en su condición de parlamentario conservador.

Creo que mi visión del drama de las bananeras contado por él fue la más intensa de mis primeros años, y también la más perdurable. Tanto, que ahora la recuerdo como un tema obsesivo de mi familia y sus amigos a lo largo de mi infancia, que de algún modo condicionó para siempre nuestras vidas. Pero, además, tuvo una enorme trascendencia histórica, porque precipitó el final de más de cuarenta años de hegemonías, y sin duda influyó en la organización posterior de la carrera militar.

Sin embargo, a mí me marcó para siempre por otra razón que ahora viene al caso: fue la primera imagen que tuve de los militares, y habían de pasar muchos años no sólo para que empezara a cambiarla, sino apenas para que empezara a reducirla a sus justas proporciones. En realidad, a pesar de mis esfuerzos conscientes por conjurarla, nunca he tenido la oportunidad de conversar con más de media docena de militares en cincuenta años, y con muy pocos logré ser espontáneo y desprevenido. La impresión de incertidumbres recíprocas entorpeció siempre nuestros encuentros, nunca pude superar la idea de que las palabras no significaban lo mismo para ellos que para mí, y que a fin de cuentas no teníamos nada de que hablar.

No se crean que fui indiferente a ese problema. Al contrario: es una de mis grandes frustraciones. Siempre me pregunté dónde estaba la falla, si en los militares o en mí, y cómo sería posible derribar aquel baluarte de incomunicación. No sería fácil. En los dos primeros años de Derecho de la Universidad Nacional —cuando yo tenía diecinueve— fueron mis condiscípulos dos tenientes del Ejército. (Y bien quisiera que fueran algunos de ustedes.) Llegaban con sus uniformes idénticos, impecables, siempre juntos y puntuales. Se sentaban aparte, y eran los alumnos más serios y metódicos, pero siempre me pareció que estaban en un mundo distinto del nuestro. Si uno les dirigía la palabra, eran atentos y amables; pero de un formalismo invencible: no decían más de lo que se les preguntaba. En tiempos de exámenes, los civiles nos dividíamos en grupos de cuatro para estudiar en los cafés, nos encontrábamos en los bailes de los sábados, en las pedreas estudiantiles, en las cantinas mansas y los burdeles lúgubres de la época, pero nunca nos encontramos ni por casualidad con nuestros compañeros militares.

Era imposible no pensar en conclusión que tenían una naturaleza distinta. Por lo general, los hijos de los militares son militares, viven en sus barrios propios, se reúnen en sus casinos y en sus clubes, y sus mundos transcurren de puertas para dentro. No era fácil encontrarlos en los cafés, raras veces en el cine, y tenían un halo misterioso que permitía reconocerlos aunque estuvieran de civil. El mismo carácter de su oficio los ha vuelto nómades, y esto les ha dado la oportunidad de conocer al país hasta en sus últimos rincones, por dentro y por fuera, como ningún otro compatriota, pero por su propia voluntad no tienen el derecho de votar. Por un deber elemental de buena educación he aprendido infinidad de veces a reconocer sus insignias para no equivocarme al saludarlos, y más he demorado en aprenderlo que en olvidarlo.

Algunos amigos que me conocen estos prejuicios piensan que esta visita es lo más raro que he hecho en mi vida. Al contrario, mi obsesión por los distintos modos del poder es más que literaria —casi antropológica— desde que mi abuelo me contó la tragedia de Ciénaga. Muchas veces me he preguntado si no es ése el origen de una franja temática que atraviesa por el centro de todos mis libros. En *La hojarasca*, que es la convalescencia del pueblo después del éxodo de las bananeras, en el coronel que no tenía quien le escribiera, en *La mala hora*, que es una reflexión sobre la utilización de los militares para una causa política, en el coronel Aureliano Buendía, que escribía versos en el fragor de sus treinta y tres guerras, y en el patriarca de doscientos y tantos años que nunca aprendió a escribir. Del primero hasta el último de esos libros —y espero que en muchos otros del futuro— hay toda una vida de preguntas sobre la índole del poder.

Creo, no obstante, que mi verdadera toma de conciencia sobre todo esto empezó cuando escribía *Cien años de soledad*. Lo que más me alentaba entonces era la posibilidad de reivindicación histórica de las víctimas de la tragedia, contra la Historia oficial que la proclamaba como una victoria de la ley y el orden. Pero fue imposible: no pude encontrar ningún testimonio directo ni remoto de que los muertos hubieran sido más de siete, y que el tamaño del drama no había sido el que andaba suelto en la memoria colectiva. Lo cual, por supuesto, no disminuía para nada la magnitud de la catástrofe dentro del tamaño del país.

Ustedes podrían preguntarme, con toda razón, por qué en lugar de relatarla en sus proporciones reales, la magnifiqué hasta el tamaño de tres mil muertos que fueron transportados en un tren de doscientos vagones para arrojarlos en el mar. La razón, en clave de poesía, es simple: yo estaba trabajando en una dimensión en la cual el episodio de las bananeras no era ya un horror histórico de ninguna parte sino un suceso de proporciones míticas, donde las víctimas no eran iguales y los verdugos no tenían ya ni cara ni nombre, y tal vez nadie era inocente. De aquella desmesura me vino el viejo patriarca que arrastraba su potra solitaria en un palacio lleno de vacas.

¿Cómo podía ser de otro modo? La única criatura mítica que ha producido la América Latina es el dictador militar de fines del siglo pasado y principios del actual. Muchos de ellos, por cierto, caudillos liberales que terminaron convertidos en tiranos bárbaros. Estoy convencido de que si el coronel Aureliano Buendía hubiera ganado siquiera una de sus treinta y seis guerras, habría sido uno de ellos.

Sin embargo, cuando cumplí el sueño de escribir los últimos días del libertador Simón Bolívar en *El general en su laberinto*, tuve que torcerle el cuello al cisne de la invención. Se trataba de un hombre de carne y hueso de talla descomunal que libraba la batalla contra su cuerpo devastado, sin más testigos que el séquito de jóvenes militares que lo acompañaron en todas sus guerras y habían de acompañarlo hasta la muerte. Tenía que saber cómo era en realidad, y cómo era cada uno de ellos, y creo haberlo descubierto lo más cerca posible en las cartas reveladoras y fascinantes del libertador. Creo, con toda humildad, que *El general en su laberinto* es un testimonio histórico envuelto en las galas irresistibles de la poesía.

Es sobre estos enigmas de la literatura sobre los que me gustaría proseguir ahora con ustedes el diálogo que otros amigos han iniciado en estos días. Quienes lo han alentado de la parte militar saben que no soy extraño a esa idea necesaria, y que mi único deseo es que prospere. Cada quien ha conversado sobre su especialidad. Yo no tengo ninguna distinta de las letras, y aun en ésta soy un empírico sin ninguna formación académica, pero sí me siento capaz de enrolarlos a ustedes en las huestes no siempre pacíficas de la literatura. Para empezar, quiero dejarles sólo una frase: «Creo que las vidas de todos nosotros serían mejores si cada uno de ustedes llevara siempre un libro en su morral».

Periodismo: el mejor oficio del mundo

Los Ángeles, Estados Unidos, 7 de octubre de 1996

A una universidad colombiana se le preguntó cuáles son las pruebas de aptitud y vocación que se hacen a quienes desean estudiar periodismo, y la respuesta fue terminante: «Los periodistas no son artistas». Estas reflexiones, por el contrario, se fundan precisamente en la certidumbre de que el periodismo escrito es un género literario. Lo malo es que los estudiantes y muchos maestros no lo saben, o no lo creen. Tal vez a eso se debe que sean tan imprecisas las razones que la mayoría de los estudiantes han dado para explicar su decisión de estudiar periodismo. Uno dijo: «Tomé comunicaciones porque sentía que los medios ocultaban más que lo que mostraban». Otro: «Porque es el mejor camino para la política». Sólo uno atribuyó su preferencia a que su pasión por informar superaba su interés por ser informado.

Hace unos cincuenta años, cuando la prensa colombiana estaba a la vanguardia en América Latina, no había escuelas de periodismo. El oficio se aprendía en las salas de redacción, en los talleres de imprenta, en el cafetín de enfrente, en las parrandas de los viernes. Pues los periodistas andaban siempre juntos, hacían vida común, y eran tan fanáticos del oficio que no hablaban de nada distinto del oficio mismo. El trabajo llevaba consigo una amistad de grupo que inclusive dejaba poco margen para la vida privada. Los que no aprendían en aquellas cátedras ambulantes y apasionadas de veinticuatro horas diarias, o los que se aburrían de tanto hablar de lo mismo, era porque querían o creían ser periodistas, pero en realidad no lo eran.

Los únicos medios de información eran los periódicos y la radio. Ésta tardó en pisarle los talones a la prensa escrita, pero cuando lo hizo, fue con una personalidad propia, avasallante y un poco atolondrada, que en poco tiempo se apoderó de su audiencia. Se anunciaba ya la televisión como un ingenio mágico que estaba a punto de llegar y no llegaba, y cuyo imperio de hoy era difícil de imaginar. Las llamadas de larga distancia, cuando se lograban, eran sólo a través de operadoras. Antes de que se inventaran el teletipo y el télex, los únicos contactos con el resto del país y el exterior eran los correos y el telégrafo. Que, por cierto, llegaban siempre.

Un operador de radio con vocación de mártir capturaba al vuelo las noticias del mundo entre silbidos siderales, y un redactor erudito las elaboraba completas con pormenores y antecedentes, como se reconstruye el esqueleto de un dinosaurio a partir de una vértebra. Sólo la interpretación estaba vedada, porque era un dominio sagrado del director, cuyos editoriales se presumían escritos por él, aunque no lo fueran, y casi siempre con caligrafías célebres por lo enmarañadas. Directores históricos, como don Luis Cano, de *El Espectador*, o columnistas muy leídos, como Enrique Santos Montejo (*Calibán*), en *El Tiempo*, tenían linotipistas personales para descifrarlas. La sección más delicada y de gran prestigio era la editorial, en un tiempo en que la política era el centro neurálgico del oficio y su mayor área de influencia.

El periodismo se aprende haciéndolo

El periodismo cabía en tres grandes secciones: noticias, crónicas y reportajes, y notas editoriales. La entrevista no era un género muy usual, ni tenía vida propia. Se usaba más bien como materia prima para las crónicas y los reportajes. Tanto era así que en Colombia todavía se suele decir reportaje en vez de entrevista. El cargo más desvalido era el de reportero, que tenía al mismo tiempo la connotación de aprendiz y cargaladrillos. Desde ahí había que subir por la escalera del buen servicio y los trabajos forzados de muchos años hasta el puente del mando. El tiempo y el mismo oficio han demostrado que el sistema nervioso del periodismo circula en realidad en sentido contrario.

El ingreso a la cofradía no tenía ninguna condición distinta del deseo de ser periodista, pero hasta los hijos de los dueños de periódicos familiares —que eran la mayoría— tenían que probar sus aptitudes en la práctica. Un lema lo decía todo: el periodismo se aprende haciéndolo. A los periódicos llegaban estudiantes fracasados en otras materias o en busca de empleo para coronar la carrera, o profesionales de cualquier cosa que habían descubierto tarde su verdadera vocación. Se necesitaba tener el alma bien templada, porque los recién llegados pasaban por unos ritos de iniciación semejantes a los de la marina de guerra: burlas crueles, trampas para probar la malicia, reescritura obligada de un mismo texto en las agonías de la última hora: la creatividad gloriosa de la mamadera de gallo. Era una fábrica que formaba e informaba sin equívocos y generaba opinión dentro de un ambiente de participación que mantenía la moral en su puesto. La experiencia había demostrado que todo era fácil de aprender sobre la marcha para quien tuviera el sentido, la sensibilidad y el aguante del periodista. La misma práctica del oficio imponía la necesidad de formarse una base cultural, y el mismo ambiente de trabajo se encargaba de fomentarla. La lectura era un vicio profesional. Los autodidactas suelen ser ávidos y rápidos, y los de aquellos tiempos lo fueron de sobra para poner muy en alto el mejor oficio del mundo, como ellos mismos lo llamaban. Alberto Lleras Camargo, que fue periodista siempre y dos veces presidente de la República, no era siquiera bachiller.

Algo ha cambiado desde entonces. En Colombia andan sueltas unas veintisiete mil credenciales de periodismo, pero la inmensa mayoría no las tienen periodistas en ejercicio, sino que sirven como salvoconductos para lograr favores oficiales, o para no hacer colas, o para entrar gratis a los estadios y otros usos dominicales. Sin embargo, una gran mayoría de periodistas, y entre ellos algunos de los notables, no tienen ni quieren ni necesitan la credencial. Estas tarjetas se crearon por la misma época en que se fundaron las primeras facultades de Ciencias de la Comunicación, como reacción, precisamente, contra el hecho cumplido de que el periodismo carecía de respaldo académico. La mayoría de los profesionales no tenían ningún diploma, o lo tenían de cualquier oficio, menos del que ejercían.

Alumnos y maestros, periodistas, gerentes y administradores entrevistados para estas reflexiones dejan ver que el papel de la academia es descorazonador. «Se nota apatía por el pensamiento teórico y la formulación conceptual», ha dicho un grupo de estudiantes que adelantan su tesis de grado. «Parte de esta situación es la responsabilidad de los docentes, por la imposición del texto como obligatorio, la fragmentación de libros con el abuso de las fotocopias de capítulos, y ningún aporte propio.» Y concluyeron, por fortuna, con más humor que amargura: «Somos los profesionales de la fotocopia». Las mismas universidades reconocen deficiencias flagrantes en la formación académica, y sobre todo en humanidades. Los estudiantes llegan del bachillerato sin saber redactar, tienen graves problemas de gramática y ortografía, y dificultades para una comprensión reflexiva de textos. Muchos salen como llegaron. «Están presos en el facilismo y la irreflexión», ha dicho un maestro. «Cuando se les propone revisar y replantear un artículo elaborado por ellos mismos, se resisten a volver sobre él.» Se piensa que el único interés de los alumnos es el del oficio como fin en sí, desvinculado de la realidad y de sus problemas vitales, y que prima en un afán de protagonismo sobre la necesidad de investigación y de servicio. «El estatus alto lo tienen como objetivo principal de la vida profesional», concluye un maestro universitario. «No les interesa mucho ser ellos mismos, enriquecerse espiritualmente con el ejercicio profesional, sino aprobar una carrera para cambiar de posición social.»

La mayoría de los alumnos encuestados se sienten defraudados por la escuela, y no les tiembla la voz para culpar a sus maestros de no haberles inculcado las virtudes que ahora les reclaman, y en especial la curiosidad por la vida. Una excelente profesional, varias veces premiada, fue aún más explícita: «Ante todo, en el momento de terminar el bachillerato, uno debe haber tenido la oportunidad de explorar muchos campos y en ellos debe saber qué le inquieta. Pero en la realidad no es así: uno tiene que repetir muy bien, y sin alterarlo, lo que la escuela le ha dado, para poder pasar».

Hay quienes piensan que la masificación ha pervertido la educación, que las escuelas han tenido que seguir la línea viciada de lo informativo en vez de lo formativo, y que los talentos de ahora son esfuerzos individuales y dispersos que luchan contra las academias. Se piensa también que son escasos los profesores que trabajan con un énfasis en aptitudes y vocaciones. «Es difícil, porque comúnmente la docencia lleva a la repetidera de la repetición», ha replicado un maestro. «Es preferible la inexperiencia simple al sedentarismo de un profesor que lleva veinte años con el mismo curso.» El resultado es triste: los muchachos que salen ilusionados de las academias, con la vida por delante, sólo se hacen periodistas cuando tienen la oportunidad de reaprenderlo todo en la práctica dentro del medio mismo.

Algunos se precian de que son capaces de leer al revés un documento secreto sobre el escritorio de un ministro, de grabar diálogos casuales sin prevenir al interlocutor, o de usar como noticia una conversación convenida de antemano como confidencial. Lo más grave es que estas transgresiones éticas obedecen a una noción intrépida del oficio, asumida a conciencia y fundada con orgullo en la sacralización de la primicia a cualquier precio y por encima de todo: el síndrome de la chiva. No los conmueve el fundamento de que la buena primicia no es la que se da primero sino la que se da mejor. En el extremo opuesto están los que asumen el empleo como una poltrona burocrática, apabullados por una tecnología sin corazón que apenas si los toma en cuenta a ellos mismos.

Un fantasma recorre el mundo: la grabadora

Antes de que se inventara la grabadora, el oficio se hacía bien con tres instrumentos indispensables que en realidad era uno solo: la libreta de notas, una ética a toda prueba, y un par de oídos que los reporteros usaban todavía para oír lo que se les decía. Las primeras grabadoras pesaban más que las máquinas de escribir y grababan en bobinas de alambre magnético que se embrollaban como hilo de coser. Pasó algún tiempo antes de que los periodistas las usaran para ayudar la memoria, y más aún para que algunos les encomendaran la grave responsabilidad de pensar por ellos.

En realidad, el manejo profesional y ético de la grabadora está por inventarse. Alguien tendría que enseñarles a los periodistas que no es un sustituto de la memoria, sino una evolución de la humilde libreta de apuntes que tan buenos servicios prestó en los orígenes del oficio. La grabadora oye pero no escucha, graba pero no piensa, es fiel pero no tiene corazón, y a fin de cuentas su versión literal no será tan confiable como la de quien pone atención a las palabras vivas del interlocutor, las valora con su inteligencia y las califica con su moral. Para la radio tiene la enorme ventaja de la literalidad y la inmediatez, pero muchos entrevistadores no escuchan las respuestas por pensar en la pregunta siguiente. Para los redactores de periódicos la transcripción es la prueba de fuego: confunden el sonido de las palabras, tropiezan con la semántica, naufragan en la ortografía y mueren por el infarto de la sintaxis. Tal vez la solución sea que se vuelva a la pobre libretita de notas para que el periodista vaya editando con su inteligencia a medida que graba mientras escucha.

La grabadora es la culpable de la magnificación viciosa de la entrevista. La radio y la televisión, por su naturaleza misma, la convirtieron en el género supremo, pero también la prensa escrita parece compartir la idea equivocada de que la voz de la verdad no es tanto la del periodista como la de su entrevistado. La entrevista de prensa fue siempre un diálogo del periodista con alguien que tenía algo que decir y pensar sobre un hecho. El reportaje fue la reconstitución minuciosa y verídica del hecho, tal como sucedió en la realidad, para que el público lo conociera como si hubiera estado allí. Son géneros afines y complementarios, y no tienen por qué excluirse el uno al otro. Sin embargo, el poder informativo y totalizador del reportaje sólo es superado por la célula primaria y magistral del oficio, la única capaz de decir en el instante de un relámpago todo cuanto se sabe de la noticia: el flash. De modo que un problema actual en la práctica y la enseñanza del oficio no es confundir o eliminar los géneros históricos sino darle a cada uno su nuevo sitio y su nuevo valor en cada medio por separado. Y tener siempre presente algo que parece olvidado, y es que la investigación no es una especialidad del oficio, sino que todo el periodismo tiene que ser investigativo por definición.

Un avance importante de este medio siglo es que ahora se comenta y se opina en la noticia y en el reportaje, y se enriquece el editorial con datos informativos. Cuando no se admitían estas licencias, la noticia era una nota escueta y eficaz, heredada de los telegramas prehistóricos. Ahora, en cambio, se ha impuesto el formato de los despachos de agencias internacionales, que facilita abusos difíciles de probar. El empleo desaforado de comillas en declaraciones falsas o ciertas permite equívocos inocentes o deliberados, manipulaciones malignas y tergiversaciones venenosas que le dan a la noticia la magnitud de un arma mortal. Las citas de fuentes que merecen entero crédito, de personas generalmente bien informadas o de altos funcionarios que pidieron no revelar su nombre, o de observadores que todo lo saben pero que nadie ve, amparan toda clase de agravios impunes, porque el autor se atrinchera en su derecho de no revelar la fuente. En los Estados Unidos, por otra parte, prosperan fechorías como ésta: «Persiste la creencia de que el ministro despojó de sus joyas el cadáver de la víctima, pero la policía lo negó». No había más que decir: el daño estaba hecho. De todos modos, es un consuelo suponer que muchas de estas transgresiones éticas, y otras tantas que avergüenzan al periodismo de hoy, no son siempre por inmoralidad, sino también por falta de dominio profesional.

La explotación del hombre por el módulo

El problema parece ser que el oficio no logró evolucionar a la misma velocidad que sus instrumentos, y los periodistas se quedaron buscando el camino a tientas en el laberinto de una tecnología disparada sin control hacia el futuro. Las universidades debieron creer que las fallas eran académicas y fundaron escuelas que ya no son sólo para la prensa escrita, con razón, sino para todos los medios. En la generalización se llevaron de calle hasta el nombre humilde que tuvo el oficio desde sus orígenes en el siglo XV, y ahora no se llama periodismo sino Ciencias de la Comunicación o Comunicación Social. Lo cual, para los periodistas empíricos de antaño, debe ser como encontrarse en la ducha con el papá vestido de astronauta.

En universidades de Colombia hay catorce pregrados y dos posgrados en Ciencias de la Comunicación. Esto confirma una preocupación creciente de alto vuelo, pero también deja la impresión de un pantano académico que satisface muchas de las necesidades actuales de la enseñanza, pero no son las dos más importantes: la creatividad y la práctica.

Los perfiles profesionales y de ocupación que se ofrecen a los aspirantes están idealizados en el papel. Los ímpetus teóricos que les infunden sus maestros se desinflan al primer tropiezo con la realidad, y las ínfulas del diploma no los ponen a salvo del desastre. Pues la verdad es que deberían salir preparados para dominar las nuevas técnicas y salen al revés: llevados a rastras por ellas y agobiados por presiones ajenas a sus sueños. Encuentran tantos intereses de toda índole atravesados en el camino, que no les queda tiempo ni ánimos para pensar, y menos para seguir aprendiendo.

Dentro de la lógica académica, la misma prueba de selección que se hace a un aspirante a Ingeniería o a Medicina Veterinaria, es la que algunas universidades exigen para un programa de Comunicación Social. Sin embargo, un egresado con éxito en su carrera ha dicho sin reservas: «Aprendí periodismo cuando empecé a trabajar. Claro que la universidad me dio la oportunidad de escribir las primeras cuartillas, pero la metodología la aprendí en la marcha». Es normal, mientras no se admita que el sustento vital del periodismo es la creatividad y por tanto requiere por lo menos una valoración semejante a la de los artistas.

Otro punto crítico es que el esplendor tecnológico de las empresas no corresponde con las condiciones de trabajo, y menos aún con los mecanismos de participación que fortalecían el espíritu en el pasado. La redacción es un laboratorio aséptico y compartimentado, donde parece más fácil comunicarse con los fenómenos siderales que con el corazón de los lectores. La deshumanización es galopante. La carrera, que siempre estuvo bien definida y demarcada, no se sabe hoy dónde empieza, dónde termina ni para dónde va.

La ansiedad de que el periodismo recupere su prestigio de antaño se advierte en todas partes. Quienes más lo necesitan son los dueños de los medios, sus mayores beneficiarios, que sienten el descrédito donde más les duele. Las facultades de Comunicación Social son el blanco de críticas ácidas, y no siempre sin razón. Tal vez el origen de su infortunio es que enseñan muchas cosas útiles para el oficio, pero muy poco del oficio mismo. Tal vez deberían insistir en sus programas humanísticos, aunque menos ambiciosos y perentorios, para garantizar la base cultural que los alumnos no llevan en el bachillerato. Deberían reforzar la atención en las aptitudes y en las vocaciones, y tal vez fragmentarse en especialidades separadas para cada uno de los medios, que ya no es posible dominar en su totalidad a lo largo de una sola vida. Los posgrados para fugitivos de otras profesiones también parecen muy convenientes para la variedad de secciones especiales que ha ganado el oficio con las nuevas tecnologías, y lo mucho que ha cambiado el país desde que don Manuel del Socorro Rodríguez imprimió la primera hoja de noticias hace doscientos cuatro años.

El objetivo final, sin embargo, no deberían ser los diplomas y las credenciales, sino el retorno al sistema primario de enseñanza mediante talleres prácticos en pequeños grupos, con un aprovechamiento crítico de las experiencias históricas, y en su marco original de servicio público. Los medios, por su propio bien, tendrían que contribuir a fondo, como lo están haciendo en Europa con ensayos semejantes. Ya sea en sus salas de redacción o sus talleres, o con escenarios construidos a propósito, como los simuladores aéreos que reproducen todos los incidentes del vuelo para que los estudiantes aprendan a sortear los desastres antes de que se los encuentren de verdad atravesados en el camino. Pues el periodismo es una pasión insaciable que sólo puede digerirse y humanizarse por su confrontación descarnada con la realidad. Nadie que no la haya padecido puede imaginarse esa servidumbre que se alimenta de las imprevisiones de la vida. Nadie que no lo haya vivido puede concebir siquiera lo que es el pálpito sobrenatural de la noticia, el orgasmo de la primicia, la demolición moral del fracaso. Nadie que no haya nacido para eso y esté dispuesto a morir por eso podría persistir en un oficio tan incomprensible y voraz, cuya obra se acaba después de cada noticia, como si fuera para siempre, y no concede un instante de paz mientras no vuelve a empezar con más ardor que nunca en el minuto siguiente.

Botella al mar para el dios de las palabras

Zacatecas, México, 7 de abril de 1997

A mis doce años de edad estuve a punto de ser atropellado por una bicicleta. Un señor cura que pasaba me salvó con un grito: «¡Cuidado!». El ciclista cayó a tierra. El señor cura, sin detenerse, me dijo: «¿Ya vio lo que es el poder de la palabra?». Ese día lo supe. Ahora sabemos, además, que los mayas lo sabían desde los tiempos de Cristo y, con tanto rigor, que tenían un dios especial para las palabras.

Nunca como hoy ha sido tan grande ese poder. La humanidad entrará en el tercer milenio bajo el imperio de las palabras. No es cierto que la imagen esté desplazándolas ni que pueda extinguirlas. Al contrario, está potenciándolas: nunca hubo en el mundo tantas palabras con tanto alcance, autoridad y albedrío como en la inmensa Babel de la vida actual. Palabras inventadas, maltratadas o sacralizadas por la prensa, por los libros desechables, por los carteles de publicidad; habladas y cantadas por la radio, la televisión, el cine, el teléfono, los altavoces públicos; gritadas a brocha gorda en las paredes de la calle o susurradas al oído en las penumbras del amor. No: el gran derrotado es el silencio. Las cosas tienen ahora tantos nombres en tantas lenguas que ya no es fácil saber cómo se llaman en ninguna. Los idiomas se dispersan sueltos de madrina, se mezclan y confunden, disparados hacia el destino ineluctable de un lenguaje global.

La lengua española tiene que prepararse para un ciclo grande en ese porvenir sin fronteras. Es un derecho histórico. No por su prepotencia económica, como otras lenguas hasta hoy, sino por su vitalidad, su dinámica creativa, su vasta experiencia cultural, su rapidez y su fuerza de expansión, en un ámbito propio de diecinueve millones de kilómetros cuadrados y cuatrocientos millones de hablantes al terminar este siglo. Con razón un maestro de Letras Hispánicas en los Estados Unidos ha dicho que sus horas de clase se le van en servir de intérprete entre latinoamericanos de distintos países. Llama la atención que el verbo *pasar* tenga cincuenta y cuatro significados, mientras que en la República del Ecuador tienen ciento cinco nombres para el órgano sexual masculino, y en cambio la palabra *condoliente*, que se explica por sí sola y que tanta falta nos hace, aún no se ha inventado. A un joven periodista francés lo deslumbran los hallazgos poéticos que encuentra a cada paso en nuestra vida doméstica. Que un niño desvelado por el balido intermitente y triste de un cordero, dijo: «Parece un faro». Que una vivandera de la Guajira colombiana rechazó un cocimiento de toronjil porque le supo a Viernes Santo. Que don Sebastián de Covarrubias, en su diccionario memorable, nos dejó escrito de su puño y letra que el amarillo es el color de los enamorados. ¿Cuántas veces no hemos probado nosotros mismos un café que sabe a ventana, un pan que sabe a rincón, una cereza que sabe a beso? Son pruebas al canto de la inteligencia de una lengua que desde hace tiempo no cabe en su pellejo. Pero nuestra contribución no debería ser la de meterla en cintura, sino al contrario, liberarla de sus fierros normativos para que entre en el siglo XXI como Pedro por su casa.

En ese sentido, me atrevería a sugerir ante esta sabia audiencia que simplifiquemos la gramática antes de que la gramática termine por simplificarnos a nosotros. Humanicemos sus leyes, aprendamos de las lenguas indígenas a las que tanto debemos lo mucho que tienen todavía para enseñarnos y enriquecernos, asimilemos pronto y bien los neologismos técnicos y científicos antes de que se nos infiltren sin digerir, negociemos de buen corazón con los gerundios bárbaros, con los ques endémicos, el dequeísmo parasitario, y devolvamos al subjuntivo presente el esplendor de sus esdrújulas: váyamos en vez de vayamos, cántemos en vez de cantemos, o el armonioso muéramos en vez del siniestro muramos. Jubilemos la ortografía, terror del ser humano desde la cuna: enterremos las haches rupestres, firmemos un tratado de límites entre la ge y la jota, y pongamos más uso de razón en los acentos escritos, que al fin y al cabo nadie ha de leer lagrima donde diga lágrima, ni confundirá revolver con revólver. ¿Y qué de nuestra be de burro y nuestra ve de vaca, que los abuelos españoles nos trajeron como si fueran dos y siempre sobra una?

Son preguntas al azar, por supuesto, como botellas arrojadas al mar con la esperanza de que le lleguen al dios de las palabras. A no ser que por estas osadías y desatinos, tanto él como todos nosotros terminemos por lamentar, con razón y derecho, que no me hubiera atropellado a tiempo aquella bicicleta providencial de mis doce años.

Ilusiones para el siglo xxi

París, Francia, 8 de marzo de 1999

El escritor italiano Giovanni Papini enfureció a nuestros abuelos en los años cuarenta con una frase envenenada: «América está hecha de los desperdicios de Europa». Hoy no sólo tenemos razones para sospechar que es cierto, sino algo más triste: que la culpa es nuestra.

Simón Bolívar lo había previsto, y quiso crearnos la conciencia de una identidad propia en la línea genial de su Carta de Jamaica: «Somos un pequeño género humano». Soñaba, y así lo dijo, con que fuéramos la patria más grande, más poderosa y unida de la Tierra. Al final de sus días, mortificado por una deuda con los ingleses que todavía no acabamos de pagar, y atormentado por los franceses que trataban de venderle los últimos trastos de su revolución, les suplicó exasperado: «Déjennos hacer tranquilos nuestra Edad Media». Terminamos por ser un laboratorio de ilusiones fallidas. Nuestra virtud mayor es la creatividad y, sin embargo, no hemos hecho mucho más que sobrevivir a doctrinas recalentadas y guerras ajenas, herederos de un Cristóbal Colón desventurado que nos encontró por casualidad cuando andaba buscando las Indias.

Hace pocos años era más fácil conocernos entre nosotros desde el Barrio Latino de París que desde cualquiera de nuestros países. En los cafetines de Saint-Germain-des-Prés intercambiábamos serenatas de Chapultepec por ventarrones de Comodoro Rivadavia, caldillos de congrio de Pablo Neruda por atardeceres del Caribe, añoranzas de un mundo idílico y remoto donde habíamos nacido sin preguntarnos siquiera quiénes éramos. Hoy, ya lo vemos, a nadie se le ha hecho raro que hayamos tenido que atravesar el vasto Atlántico para encontrarnos en París con nosotros mismos.

A ustedes, soñadores con menos de cuarenta años, les corresponde la tarea histórica de componer estos entuertos descomunales. Recuerden que las cosas de este mundo, desde los trasplantes de corazón hasta los cuartetos de Beethoven, estuvieron en la mente de sus creadores antes de estar en la realidad. No esperen nada del siglo XXI, que es el siglo XXI el que lo espera todo de ustedes. Un siglo que no viene hecho de fábrica sino listo para ser forjado por ustedes a nuestra imagen y semejanza, y que sólo será tan pacífico y nuestro como ustedes sean capaces de imaginarlo.

La patria amada aunque distante

Medellín, Colombia, 18 de mayo de 2003

«Todas estas borrascas que nos suceden son señales de que presto ha de serenar el tiempo y han de sucedernos bien las cosas, porque no es posible que el mal ni el bien sean durables, y de aquí se sigue que habiendo durado mucho el mal, el bien está ya cerca.»

Esta bella sentencia de don Miguel de Cervantes Saavedra no se refiere a la Colombia de hoy sino a su propio tiempo, por supuesto, pero nunca hubiéramos soñado que nos viniera como anillo al dedo para intentar estos lamentos. Pues una síntesis espectral de lo que es la Colombia de hoy no permite creer que don Miguel hubiera dicho lo que dijo, y con tanta belleza, si fuera un compatriota de nuestros días. Dos ejemplos hubieran bastado para desbaratar sus ilusiones: el año pasado, cerca de cuatrocientos mil colombianos tuvieron que huir de sus casas y parcelas por culpa de la violencia, como ya lo habían hecho casi tres millones por la misma razón desde hace medio siglo. Estos desplazamientos fueron el embrión de otro país al garete —casi tan populoso como Bogotá, y quizás más grande que Medellín— que deambula sin rumbo dentro de su propio ámbito en busca de un lugar donde sobrevivir, sin más riqueza material que la ropa que lleva puesta. La paradoja es que esos fugitivos de sí mismos siguen siendo víctimas de la violencia sustentada por dos de los negocios más sustentables de este mundo sin razón: el narcotráfico y la venta ilegal de armas.

Son síntomas primarios del mar de fondo que asfixia a Colombia: dos países en uno, no sólo diferentes sino contrarios en un mercado negro colosal que sustenta el comercio de las drogas para soñar, en los Estados Unidos y Europa, y a fin de cuentas en el mundo entero. Pues es imposible imaginar el fin de la violencia en Colombia sin la eliminación del narcotráfico, y no es imaginable el fin del narcotráfico sin la legalización de la droga, más próspera a cada instante cuanto más prohibida.

Cuatro décadas con toda clase de turbaciones del orden público han absorbido a más de una generación de marginados sin un modo de vivir distinto de la subversión o la delincuencia común. El escritor R. H. Moreno Durán lo dijo de un modo más certero: «Sin la muerte, Colombia no daría señales de vida». Nacemos sospechosos y morimos culpables. Las conversaciones de paz —con excepciones mínimas pero memorables— han terminado desde hace años en conversaciones de sangre. Para cualquier asunto internacional, desde un inocente viaje de turismo hasta el acto simple de comprar o vender, los colombianos tenemos que empezar por demostrar nuestra inocencia.

De todos modos, el ambiente político y social no fue nunca el mejor para la patria de paz con que soñaron nuestros abuelos. Sucumbió temprano en un régimen de desigualdades, en una educación confesional, un feudalismo rupestre y un centralismo arraigado, con una capital entre las nubes, remota y ensimismada, y dos partidos eternos a la vez enemigos y cómplices, y elecciones sangrientas y manipuladas, y toda una saga de gobiernos sin pueblo. Tanta ambición sólo podía sustentarse con veintinueve guerras civiles y tres golpes de cuartel entre los dos partidos, en un caldo social que parecía previsto por el diablo para las desgracias de hoy en una patria oprimida que en medio de tantos infortunios ha aprendido a ser feliz sin la felicidad, y aun en contra de ella.

Así hemos llegado a un punto que apenas nos permite sobrevivir, pero todavía quedan almas pueriles que miran hacia los Estados Unidos como un norte de salvación con la certidumbre de que en nuestro país se han agotado hasta los suspiros para morir en paz. Sin embargo, lo que encuentran allí es un imperio ciego que ya no considera a Colombia como un buen vecino, ni siquiera como un cómplice barato y confiable, sino como un espacio más para su voracidad imperial.

Dos dones naturales nos han ayudado a sortear los vacíos de nuestra condición cultural, a buscar a tientas una identidad y encontrar la verdad en las brumas de la incertidumbre. Uno es el don de la creatividad. El otro es una arrasadora determinación de ascenso personal. Ambas virtudes alimentaron desde nuestros orígenes la astucia providencial de los nativos contra los españoles desde el día mismo del desembarco. A los conquistadores alucinados por las novelas de caballería los engatusaron con ilusiones de ciudades fantásticas construidas en oro puro o la leyenda de un rey revestido de oro nadando en lagunas de esmeraldas. Obras maestras de una imaginación creadora magnificada con recursos mágicos para sobrevivir al invasor.

Unos cinco millones de colombianos que hoy viven en el exterior huyendo de las desgracias nativas sin más armas o escudos que su temeridad o su ingenio, han demostrado que aquellas malicias prehistóricas siguen vivas dentro de nosotros, por las buenas o las malas razones para sobrevivir. La virtud que nos salva es que no nos dejamos morir de hambre por obra y gracia de la imaginación creadora, porque hemos sabido ser faquires en la India, maestros de inglés en Nueva York o camelleros en el Sáhara. Como he tratado de demostrarlo con algunos de mis libros —si no en todos—, confío más en estos disparates de la realidad que en los sueños teóricos que la mayoría de las veces sólo sirven para amordazar la mala conciencia. Por eso creo que todavía nos queda un país de fondo por descubrir en medio del desastre: una Colombia secreta que ya no cabe en los moldes que nos habíamos forjado con nuestros desatinos históricos.

No es, pues, sorprendente que empezáramos a vislumbrar una apoteosis de la creatividad artística de los colombianos y a darnos cuenta de la buena salud del país con una conciencia definitiva de quiénes somos y para qué servimos. Creo que Colombia está aprendiendo a sobrevivir con una fe indestructible, cuyo mérito mayor es el de ser más fructífera cuanto más adversa. Se descentralizó a la fuerza por la violencia histórica pero aún puede reintegrarse a su propia grandeza por obra y gracia de sus desgracias. Vivir a fondo ese milagro nos permitirá saber a ciencia cierta y para siempre en qué país hemos nacido y seguir sin morir entre dos realidades contrapuestas. Por eso no me sorprende que en estos tiempos de desastres históricos prospere más la buena salud del país con una conciencia nueva. Se abre paso la sabiduría popular y no la esperamos sentados en la puerta de la casa sino por la calle al medio, tal vez sin que el mismo país se dé cuenta de que vamos a sobreponernos a todo y a encontrar su salvación aun donde no estaba.

Ninguna ocasión me pareció tan propicia como ésta para salir de la eterna y nostálgica clandestinidad de mi estudio e hilvanar estas divagaciones a propósito de los doscientos años de la Universidad de Antioquia que ahora celebramos como una fecha histórica de todos. Una ocasión propicia para empezar otra vez por el principio y amar como nunca al país que merecemos para que nos merezca. Pues aunque sólo fuera por eso me atrevería a creer que la ilusión de don Miguel de Cervantes está ahora en su estación propicia para vislumbrar los albores del tiempo serenado, que el mal que nos agobia ha de durar mucho menos que el bien, y que sólo de nuestra creatividad inagotable depende distinguir ahora cuál de los tantos caminos son los ciertos para vivirlos en la paz de los vivos y gozarlos con el derecho propio y por siempre jamás.

Así sea.

Un alma abierta para ser llenada con mensajes en castellano

Cartagena de Indias, Colombia, 26 de marzo de 2007

Ni en el más delirante de mis sueños en los días en que escribía *Cien años de soledad* llegué a imaginar que podría ver una edición de un millón de ejemplares. Pensar que un millón de personas pudieran decidir leer algo escrito en la soledad de un cuarto, con veintiocho letras del alfabeto y dos dedos como todo arsenal, parecía a todas luces una locura. Hoy, las Academias de la Lengua lo hacen como un gesto hacia una novela que ha pasado ante los ojos de cincuenta veces un millón de lectores, y hacia un artesano insomne como yo, que no sale de su sorpresa por todo lo que ha sucedido.

Pero no se trata ni puede tratarse de un reconocimiento a un escritor. Este milagro es la demostración irrefutable de que hay una cantidad enorme de personas dispuestas a leer historias en lengua castellana, y por lo tanto un millón de ejemplares de *Cien años de soledad* no son un millón de homenajes al escritor que hoy recibe sonrojado el primer libro de este tiraje descomunal. Es la demostración de que hay millones de lectores de textos en lengua castellana esperando este alimento.

En mi rutina de escritor nada ha cambiado desde entonces. Nunca he visto nada distinto que mis dos dedos índices golpeando una a una y a buen ritmo las veintiocho letras del alfabeto inmodificado que he tenido ante mis ojos durante estos setenta y pico de años. Hoy me tocó levantar la cabeza para asistir a este homenaje que agradezco y no puedo hacer otra cosa que detenerme a pensar qué es lo que ha sucedido. Lo que veo es que el lector inexistente de mi página en blanco es hoy una descomunal muchedumbre hambrienta de lectura de textos en lengua castellana.

Los lectores de *Cien años de soledad* son una comunidad que, si viviera en un mismo pedazo de tierra, sería uno de los veinte países más poblados del mundo. No se trata de una afirmación jactanciosa. Al contrario. Quiero apenas mostrar que ahí está una cantidad de seres humanos que han demostrado con su hábito de lectura que tienen un alma abierta para ser llenada con mensajes en castellano. El desafío es para todos los escritores, todos los poetas, narradores y educadores de nuestra lengua, para alimentar esa sed y multiplicar esta muchedumbre, verdadera razón de ser de nuestro oficio y por supuesto de nosotros mismos.

A mis treinta y ocho años y ya con cuatro libros publicados desde mis veinte años, me senté ante la máquina y escribí: «Muchos años después frente al pelotón de fusilamiento, el coronel Aureliano Buendía había de recordar aquella tarde remota en que su padre lo llevó a conocer el hielo». No tenía la menor idea del significado ni el origen de esa frase ni hacia dónde debía conducirme. Lo que hoy sé es que no dejé de escribir ni un solo día durante dieciocho meses, hasta que terminé el libro.

Parecerá mentira pero uno de mis problemas más apremiantes era el papel para la máquina de escribir. Tenía la mala educación de creer que los errores de mecanografía, de lenguaje o de gramática, eran en realidad errores de creación, y cada vez que los detectaba rompía la hoja y la tiraba al canasto de la basura para empezar de nuevo. Con el ritmo que había adquirido en un año de práctica, calculé que me costaría unos seis meses de mañanas diarias terminar el libro.

Esperanza Araiza, la inolvidable Pera, era la mecanógrafa de poetas y cineastas que había pasado en limpio grandes obras de escritores mexicanos. Entre ellas *La región más transparente* de Carlos Fuentes, *Pedro Páramo* de Juan Rulfo, y varios guiones originales de don Luis Buñuel. Cuando le propuse que me sacara en limpio la versión final, la novela era un borrador acribillado de remiendos, primero en tinta negra y después en tinta roja para evitar confusiones.

Pero eso no era nada para una mujer acostumbrada a todo en una jaula de leones. Años después, Pera me confesó que cuando llevaba a su casa la última versión corregida por mí, resbaló al bajarse del autobús con un aguacero diluvial, y las cuartillas quedaron flotando en el cenagal de la calle. Las recogió empapadas y casi ilegibles con la ayuda de otros pasajeros y las secó en su casa, hoja por hoja, con una plancha de ropa.

Lo que podría ser motivo de otro libro mejor, sería cómo sobrevivimos Mercedes y yo con nuestros dos hijos durante ese tiempo en que no gané ningún centavo por ninguna parte. Ni siquiera sé cómo hizo Mercedes durante esos meses para que no faltara ni un día la comida en la casa. Habíamos resistido a la tentación de los préstamos con interés hasta que nos amarramos el corazón y emprendimos nuestras primeras incursiones al Monte de Piedad.

Después de los alivios efímeros con ciertas cosas menudas, hubo que apelar a las joyas que Mercedes había recibido de sus familiares a través de los años. El experto las examinó con un rigor de cirujano, pesó y revisó con su ojo mágico los diamantes de los aretes, las esmeraldas de un collar, los rubíes de las sortijas, y al final nos los devolvió con una larga verónica de novillero: «Todo esto es puro vidrio».

En los momentos de dificultades mayores Mercedes hizo sus cuentas astrales y le dijo a su paciente casero, sin el mínimo temblor en la voz:

—Podemos pagarle todo junto dentro de seis meses.

—Perdone, señora —le contestó el propietario—, ¿se da cuenta de que entonces será una suma enorme?

—Me doy cuenta —dijo Mercedes impasible—, pero entonces lo tendremos todo resuelto. Esté tranquilo.

Al buen licenciado, que era un alto funcionario del Estado, y uno de los hombres más elegantes y pacientes que habíamos conocido, tampoco le tembló la voz para contestar:

—Muy bien, señora, con su palabra me basta. —Y sacó sus cuentas mortales—. La espero el siete de septiembre.

Por fin, a principios de agosto de 1966 Mercedes y yo fuimos a la oficina de correos en Ciudad de México para enviar a Buenos Aires la versión terminada de *Cien años de soledad*, un paquete de 590 cuartillas escritas en máquina a doble espacio y en papel ordinario, y dirigidas a Francisco Porrúa, director literario de la Editorial Sudamericana.

El empleado del correo puso el paquete en la balanza, hizo sus cálculos mentales y dijo:

—Son ochenta y dos pesos.

Mercedes contó los billetes y las monedas sueltas que le quedaban en la cartera y se enfrentó a la realidad.

—Sólo tenemos cincuenta y tres.

Abrimos el paquete, lo dividimos en dos partes iguales y mandamos una a Buenos Aires sin preguntar siquiera cómo íbamos a conseguir el dinero para mandar el resto. Sólo después caímos en la cuenta de que no habíamos mandado la primera mitad sino la última. Pero antes de que consiguiéramos el dinero para mandarla, ya Paco Porrúa, nuestro hombre en la Editorial Sudamericana, ansioso de leer la primera mitad del libro, nos anticipó dinero para que pudiéramos enviarla.

Fue así como volvimos a nacer en nuestra nueva vida de hoy.

Nota del editor

Los textos que Gabriel García Márquez ha reunido en este libro fueron escritos con la intención de ser leídos en público, y recorren prácticamente toda su vida, desde el que escribe a los diecisiete años para despedir a sus compañeros del curso superior en Zipaquirá, en 1944, hasta el que lee ante las Academias de la Lengua y los reyes de España, en 2007.

Ya en los primeros textos salta a la vista el rechazo que el escritor colombiano siente por la oratoria. «Yo no vengo a decir un discurso» es la advertencia que hace a sus compañeros del liceo la primera vez que se sube al estrado, y la frase que nuestro autor escogió como título de este libro. En el siguiente texto, «Cómo comencé a escribir», leído ya como el exitoso autor de *Cien años de soledad*, en 1970, previene a sus oyentes de su aversión al género: «Yo comencé a ser escritor en la misma forma que me subí a este estrado: a la fuerza». En su tercer intento, al recibir el premio Rómulo Gallegos, en 1972, confirma que ha aceptado «hacer dos de las cosas que me había prometido no hacer jamás: recibir un premio y decir un discurso».

Diez años después, Gabriel García Márquez recibió el premio Nobel de Literatura y se vio en la imperiosa necesidad de escribir el discurso más importante al que se puede enfrentar en su vida un escritor. El resultado fue una obra maestra: «La soledad de América Latina». Desde entonces, el género se volvió esencial en su carrera de autor admirado y galardonado, cuya presencia y cuyas palabras eran solicitadas a lo largo y ancho de este mundo.

En esta edición he tenido el privilegio de trabajar con el autor, literalmente codo con codo, en la revisión de los textos. Los cambios realizados han sido las correcciones ortotipográficas usuales y su decisión de poner títulos a algunos discursos que hasta ahora se conocían por la ocasión en que se dieron, como el del premio Rómulo Gallegos, que aquí tituló «Por ustedes». La relectura de estos textos dispersos u olvidados, de un género que siempre consideró «como el más terrorífico de los compromisos humanos», ha llevado a García Márquez a reconciliarse con ellos y a comentar: «Leyendo estos discursos redescubro cómo he ido cambiando y evolucionando como escritor». En ellos no sólo se encuentran los temas centrales de su literatura, sino también rastros que ayudan a comprender más profundamente su vida.

Nuestro agradecimiento a Gabriel García Márquez y a su esposa, Mercedes Barcha, por su continua hospitalidad y generosidad en las sesiones de trabajo, que han permitido terminar este libro. También a sus hijos Rodrigo y Gonzalo, por su apasionado interés desde la distancia, por descubrir un discurso olvidado y por compartir sus opiniones sobre títulos o portadas. Finalmente, mi agradecimiento al profesor Aníbal González-Pérez, de la Universidad de Yale, por acompañarme en la edición de este libro y por encontrar el discurso que lo abre.

CRISTÓBAL PERA

Noticias sobre los discursos

La academia del deber

Zipaquirá, Colombia, 17 de noviembre de 1944

En la despedida a la clase 1944, un año superior a la suya, que se graduaba de bachillerato del Liceo Nacional de Varones de Zipaquirá. Gracias a una beca, Gabriel García Márquez pudo continuar el bachillerato, como interno, en el Liceo Nacional de Varones de Zipaquirá.

Cómo comencé a escribir

Caracas, Venezuela, 3 de mayo de 1970

En el Ateneo de Caracas. Reproducido más tarde por *El Espectador*, de Bogotá. Según Juan Carlos Zapata en su artículo «Gabo nació en Caracas, no en Aracataca», Nicolás Trincado, periodista, acudió al foro en cuanto supo que participaría Gabriel García Márquez, y ahí lo encontró, «flaco, bigotudo, con el cigarro encendido». La historia que relata a su auditorio con la advertencia de que es una «idea que me está dando vueltas en la cabeza hace ya varios años», se transformó en el guión cinematográfico de la película *Presagio*, dirigida por Luis Alcoriza en 1974.

Por ustedes

Caracas, Venezuela, 2 de agosto de 1972
Al recibir el II Premio Internacional de Novela Rómulo Gallegos por *Cien años de soledad*

En el teatro París. Los miembros del jurado fueron Mario Vargas Llosa, Antonia Palacios, Emir Rodríguez Monegal, José Luís Cano y Domingo Miliani. La prensa mencionó como finalistas, además de la ganadora, las siguientes novelas: *Una meditación*, de Juan Benet, *Tres tristes tigres*, de Guillermo Cabrera Infante, y *Cuando quiero llorar no lloro*, de Miguel Otero Silva.

Otra patria distinta

Ciudad de México, 22 de octubre de 1982
Tras recibir la Orden del Águila Azteca en grado de insignia

En el Salón Venustiano Carranza de Los Pinos, ante el presidente de la República José López Portillo y el canciller de Colombia, Rodrigo Lloreda. Como indica el protocolo, el canciller de México, Jorge Castañeda y Álvarez de la Rosa, le impuso la orden. Ésta es la máxima condecoración que el gobierno mexicano concede a un extranjero.

La soledad de América Latina

Estocolmo, Suecia, 8 de diciembre de 1982

Ceremonia de entrega del premio Nobel de Literatura, otorgado a Gabriel García Márquez

En la Casa de Conciertos de Estocolmo. El novelista y seis científicos —Kennet Wilson (Física), Aaron Klug (Química), Sune Bergstroem, Bengt Samuelsson y John R. Vance (Medicina), y George J. Stitgler (Economía)—, recibieron de manos del rey de Suecia, Carlos XVI Gustavo, y su esposa Silvia, el prestigiado reconocimiento. Además de ser la figura central de la ceremonia, Gabriel García Márquez rompió una tradición en toda la historia de los premios Nobel al presentarse vestido con una típica prenda caribeña, conocida como liquiliqui, en lugar del riguroso frac.

Brindis por la poesía

Estocolmo, Suecia, 10 de diciembre de 1982

Durante el banquete ofrecido por los reyes de Suecia en honor de quienes recibieron los premios Nobel

La cena de gala se celebró en la Sala Azul del Ayuntamiento de Estocolmo. En su artículo titulado «La suerte de no hacer colas», publicado el 4 de mayo de 1983 y recogido en *Notas de prensa. Obra periodística 5. 1961-1984*, García Márquez recuerda: «Me pidieron que firmara un formulario impreso por medio del cual cedía a la Fundación Nobel los derechos de autor de mi conferencia y de mi brindis por la poesía —que en los apuros de las últimas horas había improvisado a cuatro manos con el poeta Álvaro Mutis—, y luego firmé ejemplares de mis libros en sueco para los empleados de la fundación…».

Palabras para un nuevo milenio

La Habana, Cuba, 29 de noviembre de 1985

II Encuentro de Intelectuales por la Soberanía de los Pueblos de Nuestra América

Discurso central de la sesión de apertura del encuentro, en la sede de Casa de las Américas. Estuvieron presentes Frei Betto, Ernesto Cardenal, Juan Bosch, Daniel Viglietti y Osvaldo Soriano, entre trescientos intelectuales más del continente.

El cataclismo de Damocles

Ixtapa-Zihuatanejo, México, 6 de agosto de 1986

II Reunión Cumbre del Grupo de los Seis

Discurso inaugural de la reunión del Grupo de los Seis: Argentina, México, Tanzania, Grecia, la India y Suecia, sobre la paz y el desarme ante la amenaza nuclear, con la asistencia de los presidentes de los países miembros, Raúl Alfonsín, de Argentina, y Miguel de la Madrid Hurtado, de México, y los primeros ministros Andreas Papandreu, de Grecia, Ingvar Carlsson, de Suecia, Rajiv Gandhi, de la India, y Julius Nyerere, de Tanzania.

Una idea indestructible

La Habana, Cuba, 4 de diciembre de 1986

En el acto de inauguración de la sede de la Fundación del Nuevo Cine Latinoamericano

En la fundación, sita en la antigua quinta Santa Bárbara, en una vieja casona del barrio de Marianao, se daba inicio a la Escuela Internacional de Cine, Televisión y Video (EICTV) de San Antonio de los Baños, también conocida como «Escuela de Tres Mundos». Gabriel García Márquez habló en su calidad de presidente de la fundación.

Prefacio para un nuevo milenio

Caracas, Venezuela, 4 de marzo de 1990

Inauguración de la exposición

Figuración y fabulación: 75 años de pintura en América Latina, 1914-1989

La muestra se exhibió en el Museo de Bellas Artes, curada por el crítico venezolano Roberto Guevara y coordinada por Milagros Maldonado. El discurso quedó recogido como prólogo al catálogo de la exposición.

En ella participaron: Antonio Barrera y Álvaro Barrios, de Colombia, José Bedia, de Cuba, Sirón Franco, de Brasil, Julio Galán, de México, Guillermo Kuitca, de Argentina, Ana Mendieta, de Cuba, Juan Vicente Hernández, *Pájaro*, de Venezuela, Pancho Quilici, de Venezuela, Arnaldo Roche, de Puerto Rico, Antonio José de Mello Mourao, *Tunga*, de Brasil, y Carlos Zerpa, de Venezuela.

Una alianza ecológica de América Latina

Guadalajara, México, 19 de julio de 1991

I Cumbre Iberoamericana del

Grupo de los Cien

García Márquez intervino en esta reunión cumbre durante el segundo y último día de actividades para entregar la propuesta, en nombre de «gente de las artes y las letras» del continente, de crear una alianza ecológica latinoamericana.

El Grupo de los Cien, fundado el primero de marzo de 1985, es una asociación de cien artistas, intelectuales y científicos comprometidos activamente en la discusión y solución de problemas ambientales.

No estoy aquí

La Habana, Cuba, 8 de diciembre de 1992

Inauguración de la sala de cine de la Fundación

del Nuevo Cine Latinoamericano

La sala de cine Glauber Rocha forma parte del conjunto cultural de la sede de la Fundación del Nuevo Cine Latinoamericano. En esta sala, un centro cultural en sí mismo, además de proyectarse filmes se realizan seminarios y conferencias nacionales e internacionales, se representan obras de teatro, danza y conciertos de cámara.

En honor de Belisario Betancur con motivo de sus setenta años

Santafé de Bogotá, Colombia, 18 de febrero de 1993

La celebración fue en la Casa de Poesía José Asunción Silva. La convocatoria para celebrar el setenta aniversario del ex presidente de Colombia, nacido el 4 de febrero, fue firmada, entre otros, por Gabriel García Márquez, Álvaro Mutis, Alfonso López Michelsen, Germán Arciniegas, Germán Espinosa, Abelardo Forero Benavides, Hernando Valencia Goelkel, Rafael Gutiérrez Girardot, Antonio Caballero, Darío Jaramillo Agudelo y María Mercedes Carranza, directora de la Casa de Poesía José Asunción Silva.

Mi amigo Mutis

Santafé de Bogotá, Colombia, 25 de agosto de 1993

Setenta aniversario de Álvaro Mutis

Leído por Gabriel García Márquez ante su amigo Álvaro Mutis en la cena de gala celebrada con motivo de su 70 cumpleaños en la Casa de Nariño, Bogotá, sede de la presidencia de Colombia, donde el gobierno del presidente César Gaviria le otorgó la Cruz de Boyacá. El 26 de noviembre de 2007, en el marco de la XXI edición de la Feria del Libro de Guadalajara, dedicada a Colombia, se le rindió homenaje a Álvaro Mutis y el ex presidente Belisario Betancur leyó «con permiso de García Márquez», sentado a su lado, este mismo texto.

EL ARGENTINO QUE SE HIZO QUERER DE TODOS

Ciudad de México, 12 febrero de 1994

En el Palacio de Bellas Artes de la Ciudad de México. El discurso —primero publicado como artículo el 22 de febrero de 1984, a unos días del fallecimiento de Julio Cortázar— fue en homenaje al autor a los diez años de aquella fecha. El mismo texto se leería en la mesa inaugural del Coloquio «Julio Cortázar revisitado», el 14 de febrero de 2004, en Guadalajara, Jalisco, en el homenaje rendido por la Cátedra Julio Cortázar de la Universidad de Guadalajara, presidida por Gabriel García Márquez y Carlos Fuentes, a los veinte años de la muerte del escritor argentino.

AMÉRICA LATINA EXISTE

Contadora, Panamá, 28 de marzo de 1995

«Laboratorio» del Grupo Contadora con el tema «¿América Latina existe?»

Estuvieron presentes: el ex presidente de Uruguay, Luis Alberto Lacalle, como expositor, y como participantes, Federico Mayor Zaragoza, Gabriel García Márquez (quien fue el último orador del encuentro), Miguel de la Madrid Hurtado (ex presidente de México), Sergio Ramírez (ex vicepresidente de Nicaragua), Francisco Weffort (ministro de la Cultura de Brasil) y Augusto Ramírez Ocampo (ex canciller de Colombia).

En el contexto de la crisis que azotó a América Central, el Grupo Contadora nació para contribuir a la paz y la democracia en la región el 9 de enero de 1983 y sus primeros miembros fueron Colombia, México, Panamá y Venezuela. El grupo tomó su nombre de la isla panameña donde se reunieron los cancilleres de estos cuatro países para fundarlo.

Una naturaleza distinta en un mundo distinto al nuestro

Santafé de Bogotá, Colombia, 12 de abril de 1996

Cátedra de Colombia

Las fuerzas armadas colombianas inauguraron oficialmente el programa titulado Cátedra de Colombia con la conferencia «El Estado de derecho y la fuerza pública», a cargo del entonces ministro colombiano de la Defensa Nacional, Juan Carlos Esguerra Portocarrero.

En el programa académico expusieron ante una audiencia compuesta por militares Gabriel García Márquez, Rodrigo Pardo García, el fiscal Alfonso Valdivieso Sarmiento, el historiador Germán Arciniegas, los ex ministros Juan Manuel Santos y Rudolf Hommes, así como Orlando Fals Borda, ex constituyente, y el escritor Gustavo Álvarez Gardeazábal.

Periodismo: el mejor oficio del mundo

Los Ángeles, Estados Unidos, 7 de octubre de 1996

LII Asamblea de la Sociedad Interamericana de Prensa (SIP), con sede en Miami, Florida

Discurso inaugural pronunciado por Gabriel García Márquez, en su calidad de presidente de la Fundación para un Nuevo Periodismo Iberoamericano.

Botella al mar para el dios de las palabras

Zacatecas, México, 7 de abril de 1997

I Congreso Internacional de la Lengua Española

El premio Nobel de Literatura, a quien el congreso homenajeó, intervino en la apertura del congreso y provocó una formidable polémica al abogar por la jubilación de la ortografía.

Ilusiones para el siglo XXI

París, Francia, 8 de marzo de 1999

Seminario «América Latina y el Caribe frente al nuevo milenio»

El Banco Interamericano de Desarrollo y la UNESCO organizaron este seminario en París, el 8 y el 9 de marzo. Gabriel García Márquez, invitado especial al certamen, pronunció este breve discurso inaugural.

La patria amada aunque distante

Medellín, Colombia, 18 de mayo de 2003

Simposio internacional «Hacia un nuevo contrato social en ciencia y tecnología para un desarrollo equitativo»

En el acto conmemorativo de los doscientos años de la Universidad de Antioquia, este texto fue grabado con la voz de Gabriel García Márquez y enviado a Medellín, donde se difundió a las seis de la tarde, el día de la inauguración del simposio, en el Teatro Camilo Torres.

Un alma abierta para ser llenada con mensajes en castellano

Cartagena de Indias, Colombia, 26 de marzo de 2007

Ante las Academias de la Lengua y los reyes de España

En el Centro de Convenciones de Cartagena, durante la apertura del IV Congreso Internacional de la Lengua, en homenaje a Gabriel García Márquez. El autor había cumplido ochenta años el 6 de marzo, se conmemoraban los cuarenta años de la publicación de *Cien años de soledad* con una edición conmemorativa, y los veinticinco del Nobel.

TAMBIÉN DE

GABRIEL GARCÍA MÁRQUEZ

CIEN AÑOS DE SOLEDAD

Cien años de soledad es una novela ya legendaria en los anales de la literatura universal, una de las aventuras literarias más fascinantes del siglo XX. Millones de ejemplares leídos en todas las lenguas y el Premio Nobel de Literatura son la más palpable demostración de que la aventura fabulosa de la familia Buendía-Iguarán, con sus milagros, fantasías, obsesiones, tragedias, incestos, adulterios, descubrimientos y condenas, representa al mismo tiempo el mito y la historia, la tragedia y el amor del mundo entero.

Ficción/978-0-307-47472-8

DOCE CUENTOS PEREGRINOS

En Barcelona, una prostituta que va entrando en la vejez enseña su perro a llorar ante la tumba que ha escogido para sí misma. En Viena, una mujer se vale de su don de ver el futuro para convertirse en la adivina de una familia rica. En estos doce relatos magistrales acerca de las vidas de varios latinoamericanos en Europa, García Márquez logra transmitir la mezcla de melancolía, tenacidad, pena y ambición que forma la experiencia del emigrante.

Ficción/978-1-4000-3494-9

EL AMOR EN LOS TIEMPOS DEL CÓLERA

De jóvenes, Florentino Ariza y Fermina Daza, se enamoran apasionadamente, pero Fermina eventualmente decide casarse con un médico rico y de muy buena familia. Florentino está anonadado, pero es un romántico. Cuando al fin el esposo de Fermina muere, Florentino acude al funeral con toda intención. A los cincuenta años, nueve meses y cuatro días de haberle profesado amor a Fermina, volverá a hacerlo una vez más.

Ficción/978-0-307-38726-4

CRÓNICA DE UNA MUERTE ANUNCIADA

Un hombre regresa al pueblo donde veintisiete años atrás ocurrió un asesinato desconcertante con la determinación de descubrir la verdad. Todos parecen estar de acuerdo en que Bayardo San Román, sólo unas horas después de su matrimonio con la bella Ángela Vicario, la devolvió por deshonra a la casa paterna. La atribulada familia forzó a la novia a revelar el nombre de su primer amante; y los hermanos gemelos de ella anunciaron su intención de matar a Santiago Nasar por haber deshonrado a su hermana. Pero si todos sabían que se iba a cometer un asesinato, ¿por qué nadie trató de impedirlo? Cuando la historia al fin se precipita hacia su conclusión, una sociedad entera será juzgada.

Ficción/978-1-4000-3495-6

MEMORIA DE MIS PUTAS TRISTES

"El año de mis noventa años quise regalarme una noche de amor loco con una adolescente virgen". Un viejo periodista decide festejar sus noventa años a lo grande, dándose un regalo que le hará sentir que todavía está vivo: una jovencita. En el prostíbulo de un pintoresco pueblo, ve a la jovencita de espaldas, completamente desnuda, y su vida cambia radicalmente. Ahora que la conoce se encuentra a punto de morir, pero no por viejo, sino por amor.

Ficción/978-1-4000-9580-3

DEL AMOR Y OTROS DEMONIOS

El 26 de octubre de 1949 el reportero Gabriel García Márquez fue enviado al antiguo convento de Santa Clara, que iba a ser demolido para edificar sobre él un hotel de cinco estrellas, a presenciar el vaciado de las criptas funerarias y a cubrir la noticia. Se exhumaron los restos de un virrey del Perú y su amante secreta, un obispo, varias abadesas, un bachiller de artes y una marquesa. Pero la sorpresa saltó al destapar la tercera hornacina del altar mayor: se desparramó una cabellera de color cobre, de veintidós metros y once centímetros de largo, perteneciente a una niña. En la lápida apenas se leía el nombre: Sierva María de Todos los Ángeles.

Ficción/978-0-307-47535-0

RELATO DE UN NÁUFRAGO

El 28 de febrero de 1955 el destructor *Caldas*, que viajaba de Estados Unidos a Colombia, sufrió un accidente. Con la finalidad de rescatar a los náufragos, las fuerzas norteamericanas del canal de Panamá peinaron la zona cercana al siniestro. Después de cuatro días de búsqueda no encontraron ningún superviviente y se abandonó la búsqueda. Una semana más tarde apareció Luis Alejandro Velasco, quien después de pasar en las aguas del Caribe diez días a la deriva, logró llegar a tierra. El entonces joven reportero que era García Márquez escuchó el relato de los hechos de boca de su protagonista, y lo transformó, tal vez sin pretenderlo, en un prodigioso ejercicio literario, una narración escueta y vigorosa donde late el pulso de un gran escritor.

No ficción/Literatura/978-0-307-47538-1